JN102676

小学校における
音楽の創造

クラス全体の器楽及び声楽の教育

Nick Beach　Julie Evans　Gary Spruce 編

加納 暁子 訳

英宝社

MAKING MUSIC IN THE PRIMARY SCHOOL
Whole class instrumental and vocal teaching
Edited by Nick Beach, Julie Evans and Gary Spruce
Routledge 2011

Authorised translation from the English language edition
published by Routledge, a member of the Taylor & Francis Group,
through Japan UNI Agency, Inc., Tokyo

小学校における音楽の創造
クラス全体の器楽及び声楽の教育

Nick Beach, Julie Evans, Gary Spruce 編

『小学校における音楽の創造』はすべての生徒、小学校の教師、器楽教師、子どもたちと音楽を共にしている地域の音楽家にとってきわめて重要な指標である。クラスにおける音楽の指導と学習を探究し、グループでの子どもたちの音楽経験を成功させるための枠組みを与える。

理論と実践の完全なバランスを取りながら、この計り知れないほど貴重なテキストはケーススタディーと事例を含み、教室で試せる活動が注意深くデザインされているだけでなく、読者を支え、教室での子どもたちの音楽経験を発展させる幅広い実証済みの指導方法が含まれている。

実践的、哲学的、理論的枠組みに基づきながら、本書は効果的な音楽の指導と経験の基礎となる4つの重要な原理から構成されている。

- ●統合：どのように子どもたちの音楽経験を結合することができるのか？
- ●創造性：どのように私たちは子どもたちの音楽的探究を支えることができるのか？
- ●アクセスとインクルージョン：どのようにすれば私たちはすべての子どもたちに適切な経験を与えることができるのか？
- ●コラボレーション：どのようにしてこれらの目的に達するために共に活動するのか？

明確で理解しやすく人をひきつけるスタイルで書かれており、『小学校における音楽の創造』はクラスで活動する際、読者の音楽的背景、もしくは指導の背景がどのようなものであれ、読者が必要とする確信を本書は提供する。

Nick Beach：Deputy Director of Performing and Creative Arts, Trinity College London, UK.

Julie Evans : 7-14, 11-18 PGCE Music Course Leader, Canterbury Christ Church University, UK.

Gary Spruce : Senior Lecturer in Education with responsibility for Music ITT, The Open University, UK.

目　次

図

表

寄稿者

Nick Beach

Dartington College of Arts、the National Centre for Orchestral Studies、Middlesex Polytechnic において学んだ。Nick は巡回ヴァイオリン教師として働き、いくつかの Music Service の管理、最近は Berkshire Young Musicians Trust の教育長として働いた。現在はロンドンの Trinity College の Performing and Creative Arts で副校長を務めている。Nick は最近、the KS2 Music CPD Programme and Arts Awards の開発に携わり、世界中で Trinity の専門的開発事業を導いている。音楽家として彼はヴァイオリニストと指揮者である。

Philippa Bunting

教師として幅広い経験を持ち、Tower Hamlets String Project にて初期のクラス全体の器楽指導を行った。現在は the Royal Academy of Music の弦楽器初心者コースで指導している。彼女は教師教育の経験も豊富で、現在は RNCM においてフリーの音楽教育コンサルタントとして働いている。

Rita Burt

Trinity Guildhall ／ The Open University KS2 Music CPD Programme のプログラム指導者。前職は 8 年間、ロンドン Barking、Dagenham 自治区の Music Service、Music Advisor の責任者を務めていた。2002 年〜 2004 年、国の Wider Opportunities プログラムの先導者として、KS2 のクラス全体の器楽と声楽の活動に尽力した。また、それ以前は 20 年間中学校で音楽を指導していた。

Madeleine Casson

Trinity Guildhall と The Open University が提供する KS2 Music CPD

Programme のコースリーダーであり、Charanga（イギリスを超えて音楽サービスや音楽教師に利用されている e- ラーニングシステム）の指導マネージャーである。指導や演奏だけでなく、幅広くフリープロジェクトを手掛けている。

Carolyn Cooke

The Open University の教育学部の講師であり、大学の PGCE 音楽コースの学科リーダーの責任者である。以前は広範囲にわたる中学校の音楽科の責任者であり、最近のナショナルカリキュラムの変革において南東部の地区教科アドヴァイザーであった。

Julie Evans

音楽教師であり、5 つの中学校の学科責任者を務めた。彼女は現在ヴァイオリンとピアノの教師として幅広い経験を持っている。彼女は Music at Canterbury Christ Church University の上級講師であり、7 〜 14 と 11 〜 18 の PGCE 音楽コースの責任者である。

Margaret Griffiths

Royal Academy of Music, Reading University, London University Institute of Education にて教育を受けた。彼女は 12 年間中学校で教鞭をとり、London University にて教員の指導員になった。同時に彼女は GCSE の導入時期に調査委員として関わった。1985 年、音楽の専門家として学校の王立検査官に加わった。2000 年からは Ofsted の特別音楽アドヴァイザーになった。その間、音楽教育における政府の取り組みだけでなく、小学校や中学校の音楽、教師の指導、音楽サービスについての年報の責任者であった。余暇には、Margaret はフランスで MBA やディプロマを取得した。彼女は長年にわたり歌手、指揮者、コレペティートル、伴奏者として活動した。2006 年 12 月に退職し、祖母や叔母としてだけでなく、多くのイギリスの音楽教育者のために、今はフリーの音楽教育の専門家である。

彼女は最近音楽サービス連盟で働き、多くの政府による基金の音楽教育プログラムに関する国の評価者である。

Chris Harrison

音楽教育コンサルタント。London Metropolitan and Greenwich Universities の ITE コースで指導し、教師と若い音楽家のためのコースを運営し、教材を執筆している。以前は NAME の議長であり、現在は協会の刊行物の編集を行っている。彼の音楽的趣向は幅広く、多くのグループやアンサンブルと演奏している。彼はとりわけ音楽学習における即興の役割について興味を持っており、地域で幅広く音楽活動を展開している。

Francesca Matthews

Trinity Guildhall/The Open University KS2 CPD Programme の地域リーダーとして、Trinity College で働いている。彼女は Trinity College of Music で歌手として学び、中学校で教える前にロンドンミュージックサービスで働いた。そして English Pocket Opera や Glyndebourne Opera House でワークショップリーダーや教育アドヴァイザーになった。Francesca は Royal Opera House や Sing Up といった組織のワークショップリーダーであり、地域の権威ある音楽サービスに INSET を提供している。彼女は The Open University の PGCE コースの助手でもある。そしてジャズやスタジオの歌手として専門的に歌い続けている。

Lis McCullough

ノーサンバーランド州在住のフリーの音楽教育コンサルタント、及び研究者である。元は小学校の教員であり、小学校の音楽アドヴァイザーを長年務め、2008 ～ 2009 年には国の音楽教育協会で議長となった。彼女の修士論文は作曲における子どもの発達の開発であり、博士課程での研究は音楽教育に関わるクラス担任の信念と態度であった。

Tim Palmer

Trinity College of Music の音楽教育部門の上級講師であり、創造的プロジェクトのリーダーシップを専門としている。彼はイギリスの主要な芸術組織の教育プロジェクトを率いて、国立海洋博物館に駐在して 2 年間の音楽家としての職を終えたばかりである。Tim は定期的にイギリスの多くのオーケストラで打楽器奏者として演奏している。

Chris Philpott

高等教育へ移る前は、イギリスの中学校で 16 年間音楽と演奏芸術を教えていた。彼の執筆は音楽における教師教育の教育学に集中している。彼は現在 University of Greenwich の教育学部の学部長であり、余暇はクリケットをしている。

Gary Spruce

The Open University の教育学部の上級講師である。前職は大学の PGCE 音楽コースのリーダーであった。現在、彼は Trinity College London との共同開発によるクラス全体の器楽と声楽の教育に参加する教師の専門開発プログラムに関わっている。彼は幅広く音楽教育に関する執筆を行い、国内や国際会議に論文を提出している。彼は劇場の音楽にも関心を寄せ音楽家として活動している。

Vanessa Young

Canterbury Christ Church University の教育部門の第 1 講師で教育学部の小学校音楽をコーディネートしている。彼女は CPD と ITE に関連する音楽教育に広く関わっている。また、スタッフの育成にも広範な経験を持つ。彼女の音楽に関連する執筆や研究は音楽の指導法や教師の育成を含む。彼女は小学校の音楽教師のための雑誌「今日の小学校音楽」の共同編集者である。

Katherine Zeserson

　国際的に絶賛された Sage Gateshead の学習と参加プログラムの戦略デザイン、方向性、実施の責任者である。彼女は就学前、小学校、中学校、ボランティア組織、高等教育や大学院、専門家養成プログラムといった幅広い共同体のトレーナや音楽教育者として全国的な名声がある。彼女は多くの芸術教育研修所を持っており、小学生や中学生の子どもたちと活動している。定期的に Mouthful や Woman Music といったアカペラアンサンブルの歌手として演奏している。

Sally Zimmermann

　視覚障害者のための Royal National Institute で音楽アドヴァイザーを務める。以前は、ロンドンの中学校や特別支援学校の音楽教師であり、巡回ヴァイオリン講師、プライベートのピアノ講師であった。彼女はロンドン大学の Institute of Education で特別支援の非常勤講師である。彼女の「器楽音楽」は 1998 年に出版された。最近の音楽活動では、クラシック音楽とラップを融合させたプロジェクト、男声コーラスグループの指導、大人と学習障害者との即興がある。

序文

Margaret Griffiths

音楽は感情だよね、違うかな？

　この引用は9歳の男の子が、弦楽器のクラス授業が終わる際、興奮して次の授業を楽しみにしながら言った言葉である。彼の反応は、小学校におけるすべての子どもたちのクラス授業による器楽プログラムの中核と目的を表している。この授業では、器楽の指導は音楽を共に作り上げる中で、個人の進歩から生まれる達成感や楽しみを経験する機会をすべての子どもたちに与える。国の基金による小学生のための Wider Opportunities プログラムは、器楽学習を個人的で孤独なものから、統合的、協働的なものへと変化させることができた。このことは、音楽的なもののすべての側面を発達させることにより、個人的な音楽の技能が育つことを意味している。

　音楽創造の経験から引き出されるジャンルと伝統の幅は莫大である。私たちは「クラシック音楽」という言葉の代わりに、幅広く入り混じったアンサンブルのレパートリーは400年もの音楽をカバーすることができるため、「古典的な楽器のための音楽」という言葉を使用する。私たちが子どもに提供する音楽は、今日の生き生きした多様な音楽を反映しており、幅広い文化と伝統による音楽は「クラシック」と並んで価値がある。

　私たちはすべての子どもたちに、読む、書く、数えることを学ぶのと同じように、音楽を創り出すことに関わることを期待する。この関わりなしでは、私たちは必要な選択肢や若者が好む音楽の道筋を確かに提示することができなくなる。私たちは若者に対して必要なものや、音楽を提供し成功する新しい開かれた機会を保証しなければならない。

　音楽は特別な現象である。同時に、複雑で、儚く、抽象的な音の世界である。しかし、「感情」や反応は音楽を呼び起こし創り出す。音楽の指導は高い技能が求められ、子どもたちの音楽創造を成功させ、自身も学び続

ける実践者にゆだねられる。

　教育学的に高い質に達するにはすべきことがたくさんあり、KS2 から中学生の段階にスムーズに移り変わるには、協働してもっともよい状態で提供できるリソースを使用する。創造的な探究と音楽の技術の発展には挑戦が必要であり、高い質の専門的なプログラムにおいてすべてのスタッフをサポートする能力が必要である。

　本書の寄稿者は全国的に著名な実践者で、彼らの活動はもっとも質の高い、統合された音楽教育である。執筆した専門家は同僚を強化し、心を変え、他者の実践を変えるきっかけになるべきである。子どもたちや共に活動する大人は受けるに足るものである。

序章

　21 世紀も 11 年目に入り、イギリスでは子どもたちが小学校において楽器や声楽で音楽活動を経験する方法にも静かな革命が起きている。かつては、選ばれた者にしか器楽教育はなされていなかった。しかし、今は、子どもたちは音楽を共に創造するためにクラス授業で楽器を学ぶ。それは演奏者としてだけでなく、作曲者、即興者、批判的な聴衆としてであり、クラス担任と器楽の教員が一緒になって音楽の勉強を支えている。イギリスではこのような教育を「クラス全体の器楽及び声楽の教育」（WCIVT）（whole class instrumental and vocal teaching）もしくは「Wider Opportunities」（開かれた機会）と一般的に呼ばれている。

　この音楽学習に対する新しいアプローチは、すべての教師にとって重要な挑戦である。器楽指導の「徒弟制度」のモデルは、最も適切で効果的に演奏技術を発展させる方法として何世紀にも渡って広く受け入れられている。しかし、大きなグループや全体のクラス授業には単純に移行できない。個人や小グループの指導に対して広範囲に渡る経験を持つ器楽の教師や地域の音楽家は、全体のクラス授業を行う際に新しい指導方法とアプローチの開発が必要になると感じている。同様に、クラス授業を教えている教師やサポートスタッフは、正式な音楽教育が欠けているため、子どもたちの音楽学習をサポートできないと誤解している。

　本書の目的は、良い実践において証明され受け入れられた原理に実証された、実践的、哲学的、理論的枠組みの中で、技能、知識、理解を発展させようとするすべての教師を支えることである。これらの原理とは以下のとおりである。

●「統合」：音楽的であるものすべての様相と、子どもたちが音楽について学び経験するすべての場所との間をつなぐ音楽教育へのアプローチ。

- 「創造性」：音楽教育の核心にある創造的な指導と学習。
- 「アクセスとインクルージョン（包括）」：すべての子どもたちの背景、目標、興味を理解した豊かで適切な音楽の学習経験を与えること。
- 「コラボレーション」：クラスの教師、器楽の教師、地域の音楽家が、音楽教育はいかにあるべきかという共有されたヴィジョンを持って共に働く。

　原理は単独で成り立つものではなく、各側面が互いに統合され反映される。例えば、「コラボレーション」の原理は、器楽の教師、クラスの教師、音楽家が協力して働く場において、クラスの器楽指導が最もうまくいくときに確立する。その結果、子どもたちは統合された音楽学習へのアプローチを経験する。これは、音楽教育に対する哲学心理学的全体論のアプローチの理念から成る「統合」の原理にも反映される。すなわち、それは公式及び非公式の背景から子どもの音楽的発展に寄与する価値のあるものである。これらの両面は「アクセスとインクルージョン（包括）」の原理に入れられる。この原理は各子どもの要求、目標、権利を扱う重要性を認めている。これは音楽を創造すること、音楽に携わる方法を評価すること、そして教室を超えた世界での音楽創造や音楽活動の豊かさだけでなく、学校の外側からもたらされる音楽の学習と理解を認めることで達成される。
　これらの原理は、以下に挙げるような挑戦を可能にする WCIVT のための教育の発展に対して枠組みを与える。

- 公教育の構造の中とそれを超えたものにある、音楽教育において伝統的に存在する不一致を分析する。
- 幅広い音楽文化や伝統から教育学上のモデル、音楽的なプロセスと実践を利用した、本物の音楽的経験を子どもたちに与える。
- 子どもたちが音楽的なもののすべての側面を理解する手段として、器楽と声楽の授業を概念化する。楽器の学習よりも子どもの学びに焦点をあてる。

　これらの挑戦は音楽指導に携わるものにとって意味を持つ。教師の役割、関係、責任に対する多くの先入観、音楽教育の本質と目的に対する型にはまった見方（とりわけ器楽の指導と学習）、指導と学習に対する異なったアプローチへの評価に対する挑戦である。

本書は WCIVT を歴史的、現代的な背景からみる２つの章によって組み立てられ、上述の４つの原理によって構成されている。また、終章では学習と指導を支える評価の役割について考察している。各メインセクションでは「場面設定」が設けられ、幅広い問題を提起し、各章へ導いていく。この構造は４つの原理を幅広い見地から調査していく。本書は入門書、または理論的な解説書として読まれるものではなく、教師と音楽家が活発に議論を戦わせることを目的としている。本書は終わりまで実証的研究と、読者が個人の専門的な背景の中で、各章に含まれているアイデアに挑戦したり探究したりできるようなケーススタディーと活動が含まれている。これらは注意深く組み立てられているため、読者の音楽的もしくは指導の背景がどのようなものであれ、子どもたちの音楽学習を支えることに関連するであろう。

　本書はイギリス政府の子ども、学校、家族に関係する省によって支援を受けたオープン大学やトリニティーカレッジロンドンによる教師のための「継続的な専門教育 Continuing Professional Development」（CPD）プログラムにルーツがある。このプログラムの目的は、オンライン学習、ワークショップやピアメンター（仲間の助言者）を通して Wider Opportunities プログラムで活動する教師や他の音楽実践者を支援することである。

小学校における音楽の創造

クラス全体の器楽及び声楽の教育

第1部
背景の設定

第1章
私たちはどのようにしてここにたどり着いたのか？
〜クラス全体の器楽及び声楽の教育の歴史的、社会的背景〜

Julie Evans

序

　本章はどのように子どもたちが大きなグループやクラス授業の中で、歌ったり楽器を演奏したりすることを学んできたのか、その歴史をカリキュラムの中と、カリキュラムを超えて考察することを目的とする。多くの器楽と声楽の学習が、いつもある世代から次の世代へ、主に口伝を通して非公式に技能が伝えられた（今もそのように続けられている）ことによって確立されていることは重要である。西洋では、中世以降は公式な器楽と声楽の指導と学習は、教会や宮廷で行われることが重要であった。18世紀以降は、正式な学習はプライベートの教育やコンセルヴァトワールにおいてなされるようになった。この器楽と声楽の指導の顕著なモデルは、マンツーマンの教育や、専門家から初心者へ技術を授ける「徒弟制度」であり、このモデルは今日まで影響力を持ち続けている。イギリスの教育システムにおいては、これは明白ではないかもしれないが、19世紀以来、驚くべきほど長い時間をかけ、システマティックに子どもたちは大きなグループやクラス授業で、歌や楽器を演奏することを学んできた。

学校における音楽の確立

　音楽はイギリスの学校では必ずしも評価されていなかった。1840年よりも前は、学校での音楽学習はほとんど実在しなかった。しかし、Russell は1840年以降について、以下のように述べている。

　　少なくとも部分的に音楽を教える資格を持つ教師はいくらかいた。しかしその範囲、質、そして学校での音楽の存在は、大部分は教師の個人的な思い

つきによるもので、カリキュラムの中に音楽がない学校が大多数であった。
（Russell 1987 : 44）

　今やイギリスには音楽のナショナルカリキュラムがあるという事実にも
かかわらず、今もなおこのような報告が当てはまるかもしれない。
　1840 年代初めの重要な発展は、John Hullah、John Curwen、Sarah
Glover といった提案者によって、イギリスの学校にソルミゼーションシ
ステムが導入されたことだ。イギリスでは 19 世紀初め、驚くほど多く
の人がコーラスに夢中になり、トニックソルファ法で視唱を行っていた。
Hullah、Curwen、Glover は少し異なったシステムを展開し、Hullah は
「固定ド」原理を用い、Curwen と Glover はどの調性においても主音がド
であるという移動ドを用いた。各システムとも、「伝統的な」楽譜は読み
づらく、トニックソルファ法は読譜の問題を克服するという原理に基づい
ていた。現在、クラス授業で歌ったり演奏したりする際の指導は、楽譜は
理解しやすいかどうかという懸念に依然取り組まなければならないが、子
どもたちの音楽学習における進歩には必要なものである。
　1870 年の教育条例では、州教育の国家システムが構築されたが、音楽
は補助金の対象になっていなかったため、学校のカリキュラムから除外さ
れた。やがて、音楽もカリキュラムに含まれるようになり、時間割に音
楽を含んでいない小学校は財政支援をなくすであろうと決められた。最
初は、歌唱や音楽の聴き取り、読み書きの技能の習得に重きが置かれてい
た。Plummeridge は次のように提案する。「国家の教育システムの確立に
より、歌唱活動と読譜が学校で奨励された。このような活動は教会の奉仕
における演奏の水準を改善すると期待された。」（Plummeridge in Philpott
2001:5）また、Russell は「教育者や音楽の専門家にアピールすることは
安あがりであり、とりわけ音楽の価値は道徳教育の手段であるとされた」
と述べている。（Russell 1987 : 45）
　Parallels は再び最近の考えを引き合いに出している。Music Manifesto
Report No.2（DfES 2006）では、歌唱はすべての人のためにあり、道徳
教育について討議するものではない。歌唱は共同体を作ることができ、
心と体の健康に寄与すると強調している。いくつかの効果は評価でき、
Russell（1987）は、「1891 年までは、英国とウェールズの小学校の子ど

もたちの60％は、楽譜から歌を教わっている」と述べている。

　19世紀末の学校において、讃美歌や教会音楽の歌が歌われていたということは一般的に間違った考えである。正確に言えば、教育法では、公立校では特定の宗派を扱わないことが求められている。民謡を歌うことは一般的ではあるが、ある人はこれらの歌は「率直で粗野である」と言った。

> 教育における音楽の議論が次第に道徳から芸術的なものへ移行する時、このような民謡は耳から学び、ユニゾンで歌い、読譜や合唱の質に悪影響をもたらすという非難が沸き起こった。（Russell 1987：46）

> 教育者の Arthur Somervell は民謡に反対して、17世紀から18世紀のイギリスの「国の歌」を使った『National Song Book』（1906）を制作することを推し進めた。Gordon Cox は以下のように提案する。

> この本の強みは200曲の歌を含み、4つの王国から十分に精選されたことにある。最近発見された民謡に対立するものとして、正統派の「国の歌」の偉業である。コレクションは学校で普遍的に使用されている。（Cox 1993：78）

　このように歌唱は音楽カリキュラム活動の中心として確立され、次の世紀に存続していく。

学校での器楽の指導と学習

　19世紀の終わり頃から、多くの学校と当局では声楽のみの指導を越えて、ヴァイオリンが学校で教えられる主な楽器になった。1898年、メードストン (Maidstone) のカトリック学校にて、Murdoch and Company によって始められたシステムは、「メードストンシステム」として知られている。この会社は週3ペンスの分割払いでヴァイオリンを与え、週3ペンスを授業料に上乗せした。1907年に William McNaught はイギリスの子どもたちの10％に学校の授業でヴァイオリンを与え、1909年には Murdoch and Company は500を超える学校の40万人の児童にヴァイオリンを与えた。「メードストンシステム」は20世紀初頭に学校のオーケストラの形成に疑いなく寄与しており、これらのオーケストラの多くはヴァイオリン

のみで構成されていた。学校のオーケストラ協会が設立され、1906 年には 10 万人の児童が含まれていた。

　ヴァイオリンは安価で持ち運びがし易いため、学校の授業での楽器として人気があったが、ピアノの授業計画は上手くいかなかった。20 世紀初頭には、楽器のレッスンの費用が問題となった。McNaught は 1898 年におけるブラッドフォードの学校で行われていた楽器の授業について調査を行った。ある学校では約半分の児童が楽器を習っていたが、貧困層の子どもたちが通う学校では、「楽器を学ぶ子どもの割合はとても低かった。男子校では 1 ％以下であった。楽器の教育への障害はポンド、シリング、ペンスの中で、ポンドである。」（Russell 1987：47）

　大人数を教える革新的なプロジェクトの成功にもかかわらず、第 1 次世界大戦の影響でヴァイオリンを学ぶ子どもはかなり減った。しかし、クラス全体で簡単に学べる他の楽器としてリコーダーが現れた。Arnold Dolmetsch はハープシコードやリコーダーを含めた古楽器の使用のパイオニアであった。リコーダーは初心者でも良い音が出るため、彼はリコーダーは音楽教育において可能性を持つと実感した。Dolmetsch は彼が自らマウスピースをデザインした木製のリコーダーを初めに作り、Boosey and Hawkes と共同して、プラスチック製のリコーダーの大量生産を行い、学校はそれらを大量購入することができた。このことが学校でリコーダーを演奏する世代の発生を可能にした。

音楽の理解、カリキュラム外の音楽、グレード試験

　歌唱やリコーダーを演奏することと並んで、第 1 次世界大戦後、クラス全体で音楽を理解する活動が重要となったが、これは無線や蓄音機の発展と関連している。本質的に受け身の音楽活動が重要視されることは、クラス全体で行う実践的な活動に対して有害である。カリキュラム外の音楽活動も発展し、とりわけ私立学校やグラマースクールでは合唱、オーケストラ、バンドが栄え始めた。この大きな発展は必ずしも明るい成行きとは言えない。Gordon Cox は次のように提案している。「カリキュラム外と授業での活動との間で、後に特徴的となる溝の前兆を見ることが出来る。」（Cox 1993：135）

　演奏試験がこの頃確立され、トリニティ音楽大学で 1876 年に行われ、その後すぐに英国王立音楽検定協会 Associated Board of the Royal Schools of Music (ABRSM) によっても行われた。Pitts は以下のように述べている。「音楽の技能は、私的で、費用の高い教師によってのみ得られるという慣例が出来ただけでなく、このようなシステムによって音楽は皆のものではなく、技能があり豊かな人だけのものという考えが増進していった。」(Pitts 2000 : 11)

演奏を越えて

　この時代まで、学校での音楽活動は演奏が中心であった。1940 年代、学校での楽器の指導と学習の発展で先駆者となったのは、Louie de Rusette が率いる打楽器バンドであった。打楽器バンドでは、子どもたちはドラム、タンバリン、トライアングルのパートを演奏し、ピアニストがメロディーやハーモニーを補う。重要な特徴は、子どもが指揮者をすることである。さらに重要なことは、子どもたちが音楽をただ真似るだけでなく、リズム、メロディー、ハーモニーを通して自身を表現することである。Rusette は次のように述べる。「小学校において音楽が創造的芸術として扱われるまで、私たちは音楽的民族にはなれない。」(Rusette in Philpott and Plummeridge 2001 : 13) これは、教室における器楽の可能性に対して進歩的な見解であった。

　Cox は「この当時、学校では器楽の勢いが増していた」と考える。(Cox 2002 : 15) 音楽教師は打楽器、弦楽器、リコーダー、バンブーパイプなどが教室内で手近にあった。Margaret James はシチリア島で見たものと同じパイプを使って、フラム (Fulham) の学校で 1932 年、パイパーズギルドを立ち上げた。社会の原理において、手芸、デザイン、音楽といった芸術は自然で普遍的なものであり、児童は楽器を作り、飾り付けをして演奏する。「音楽、工芸、美術の教員が力作を合わせてお手製のオーケストラを作ると、学校の中で創造的な音楽が存在するようになるだろう」と James は述べる。(James in Cox 1998 : 242)

　子どもの器楽学習の発展を意図する他のギルドとして、1937 年、弓の工芸ギルドが設立された。1948 年、その目的として、学校のヴァイオリ

ンクラスで、器楽の発展のために完全かつ有機的な計画が与えられ、打楽器バンドやリコーダーのクラスを通してリズム、メロディーの初歩的な訓練を含みながら、学校のオーケストラへと導かれた。(Cox 1998 : 242)

　1948 年、Reginald Hunt は「器楽は音楽のリテラシー（読み書き能力）に多大なる価値を与え」ピアノはもっとも実践的な方法であると提案する。そして、「鍵盤楽器は声楽よりもより効果的で明確な援助になる」と論じている。(Hunt in Cox 2002 : 16)

　12 歳以下の音楽教育（MEUT）と呼ばれる団体は、打楽器バンドの哲学から生じた。1949 年に設立され、1983 年の終了まで小学校の音楽教育の発展に貢献した。多くの教師が音楽のメニュー、例えば打楽器バンド、パイプ演奏、ユーリズミックスの一つの要素に集中しがちであると、団体は感じていた。Gordon Cox は以下のように述べている。「団体の目的はバランスのとれた音楽のメニューを提供することである。その結果、子どもたちは動き、歌い、演奏し、音楽を読むことが出来て、音楽の学問を知ることになる。」(Cox 1998 : 240)

　これは器楽学習の創造的な可能性をさらに擁護することとなった。「バランスのとれた音楽のメニュー」の一部である運動感覚活動に携わる子どもたちの可能性は、1912 年にイギリスを訪れた Emile Jacques-Dalcroze（エミール・ジャック・ダルクローズ）の活動から生じ、ユーリズミックスは当時共通のクラス活動となった。学校において楽器でメロディーを作る活動に動きを組み合わせる事例があり、ダルクローズの哲学を反映している。

　ダルクローズメソッドの真の革新は、これまで知的、技術的に教えられていた考えに動きを使用したことである。このメソッドでは、音楽の概念はジャック・ダルクローズが言う第六感、運動感覚的なセンスによって経験され、自己のものとされる。(Comeau 1995 : 40)

　「音楽と動き」の放送番組は BBC によって始められ、学校で広く使われた。

　1950 年代、多くの子どもたちはオルフメソッドを通して楽器を学ぶことが出来た。Orff（オルフ）はドイツの作曲家、教育家であり、ダンスや

体操を行っている生徒が、ダンスや動きのために自ら音楽を作るべきであると決意した。最初に、子どもたちが弾ける楽器は様々な太鼓や音程のない打楽器であった。オルフは音程を伴った活動をピアノ、リコーダー、低音楽器といった楽器で始め、音を広げていき、技術があまり要求されない楽器を見つけることを求める。彼は当初ガムランをイメージしていたが、アフリカのマリンバに触れる機会があり、シロフォンを単純にさせた形をデザイン、製作し、鉄琴とグロッケンシュピールが加えられた。これらの楽器はイギリスの学校や世界中で共通に見られる。オルフメソッドは子どもたちに作曲を勧め、以前の創造的な演奏モデルとは大きく異なっている。

　1950 年代以降、地元当局の音楽サービスがイングランドとウェールズに設立された。音楽サービスは楽器や器楽の教師の供給だけでなく、局内の学校において質の高い声楽教育に対しても責任を持っていた。依然として、「徒弟制度」が続いており、グループ指導は珍しかった。グループは小さく児童は 4 人以下であった。加えて、大抵どの音楽サービスも楽器を学ぶ最終目標としてユースオーケストラを展開した。

　1970 年代になり、カリキュラム内外での器楽と声楽の指導は、児童に多くの機会を与えた。カリキュラムの中で、教師は様々な楽器を選んで使うことが出来、電子キーボードは主要な楽器になり始めた。伝統的な打楽器バンドは減少し、教室のオーケストラが普通になり、教師は商業的に地元のリソースとしてオーケストラを使用した。教師がクラスオーケストラをアレンジすることにより、経験のある音楽家に加えて、限られた技能しか持っていない児童を含めることができた。しかし、当時イギリスには国のカリキュラムはまだなく、児童が受ける教育は学校によって大きく変わった。

　1970 年代、タワーハムレッツ区の Sheila Nelson によって、革新的なクラス全体による弦楽器プロジェクトが始められた。Nelson は以下のように提案する。「ロンドンにある大量のユースオーケストラに割り当てられる質の高い弦楽器奏者が不足していた。」（Nelson 1985 : 69）彼女はアメリカのポールローランドのワークショップで学び、学校で大人数の子どもたちのグループに弦楽器を教える、心が揺さぶられるような教師だった。Nelson の初心者グループは 20 人ほどで「弾きたい人は手を挙げて」と

言って選ぶ。2つの小学校が基本となり、7歳から10歳の学習者が混ざった結果になる。彼らは1週間に1回レッスンを受け、楽器を家に持ち帰っても良い。子どもたちに正しい体の動きを指導できる数名の教師をアシスタントとして共に学習する。チェロがレッスンの一部でヴァイオリンに加わり、レパートリーを共有する。しかし、残りの時間はチェロの先生と共に他の部屋へ移動する。数年、実験的に行ってみて、Nelson は初歩のグループは7歳から8歳が学習に最適であることが分かった。身体の動きを使った階名唱法、リズムカード、フレンチタイムネーム（リズムシラブルシステム）を使って、統合させて読譜を行うことが重要であることが分かり、Nelson はタワーハムレッツプロジェクトのための特別な音楽教材を書いた。第2のレッスンは小グループで毎週行われ、大グループのレッスン内容の補強をする。レッスンはとても簡単ではあるが、児童はおそらく情報を覚えているのだろう。彼女は重要なポイントを指摘する。「楽器のレッスンはまだ訪問教師によって指導されているが、今や標準的な学校のカリキュラムの一部になった。学校の常勤スタッフと良く統合された関係性を築き上げることが益々必要となってくる。」（Nelson 1985 : 74）

　結局、初歩の学習期間で有益であるのは2年間で、その後、子どもたちは継続することを勧められる。継続する子どもたちの数は変化するが、Nelson は校長の熱意と継続する子どもたちの数に相関関係があると記している。「弦楽器のレッスンに参加しているクラス担任は、時々子どもたちと並んで学習しているが、これは計り知れないほど貴重なサポートである。」（Nelson 1985 : 74）この観察は重要で、たとえ教師が音楽のスペシャリストではなくても有効である。

　多い時で、タワーハムレッツプロジェクトは1000人を超える若い弦楽器奏者、タワーハムレッツ内外の20の学校、35人の質の高い弦楽器の教師が含まれていた。このプロジェクトでは称賛に値する音楽的な学習が行われた。Keith Swanwick は次のように述べている。

　　弦楽器を演奏する複雑さについては、一つのアプローチ法に限定されることもなく、一種類の練習スタイルに限定されることもなく、指導書をページからページへ切り開くように取り組むものでもない。これらの学校での音楽学習は、多面的な音楽活動が行われている。歌唱、演奏、動き、他者を聴く、

異なるサイズのグループで演奏するといったもので、様々な活動と組み合わせて音楽と関係づけている。これらの学校の教師は、楽器を単に教えるのではなく、楽器を通して音楽を教える仕事に責任を持っている。（Swanwick 1994 : 144）

　他の大きなグループで楽器の学習を始めるには、アメリカから入ってきた「バンドプログラム」を用いる。このようなプログラムでは、異なる楽器が同時に同じ音程で演奏できるように考案された特別な道具を用いて、児童は大人数で木管楽器や金管楽器を教わり、学習の初期段階でアンサンブルの演奏を行う。このようなプログラムは経済的な理由により時々追いやられるが、学習者の利益、仲間と学習することによって得られるモチベーションの高まりは明らかである。

ポピュラー音楽と世界の音楽

　1980 年代のカリキュラムでは、ポピュラー音楽が広く使われ始め、器楽や声楽の学習にも明らかに有望な効果があった。Salaman は次のように提案している。「子どもたちが活動の中で明らかに（ポピュラー音楽に）熱中するため、ポピュラー音楽は子どもの自然な環境なのか、それとも風船ガムやスペースインベーダーが不適切なものとみられているように忌まわしいものなのかという疑問が起こった。」（Salaman 1983 : 49）加えて、世界の音楽が音楽活動におけるカリキュラムの共通の特徴となったが、カリキュラムを越えた器楽指導の大半は、まだ西洋のクラシックの楽器に絞られていた点は面白い。

　1990 年代の初めまでには、声楽と器楽の指導はイギリスの学校において確立された。多くの変形アプローチが試されたが、必ずしも持続はしなかった。カリキュラムの中の音楽レッスンにおいて、子どもたちは歌や、リコーダー、打楽器、ポピュラー音楽や世界の音楽の楽器、至る所にある電子キーボードといった楽器を演奏することを学んだ。おおよそ 50 万人の子どもたちが声楽や器楽のレッスンを受けていたと推定される。（Sharp in Philpott 2001 : 224）声楽や器楽の教育は地元当局の音楽サービス、プライベートの組織、個人の音楽教師によって提供され続け、個人や小グ

ループのレッスン形式であった。

参考文献

Comeau, G. (1995) *Comparing Dalcroze, Orff and Kodaly : Choosing your Approach to Teaching* Music. Ontario: Centre franco-ontarien de ressources pédagogiques.

Cox, G. (1993) *A History of Music Education in England 1872-1928*. Aldershot: Scolar Press.

Cox, G. (1998) '*Musical Education of the Under-Twelves (MEUT) 1949-1983: Some aspects of the history of post-war primary music education*', British Journal of Music Education, 15(3):239-253.

Cox, G. (2002) *Living Music in Schools 1923-1999: Studies in the History of Music Education in England*. Aldershot: Ashgate Publishing Limited.

Department for Education and Skills (DfES) (2006) *Music Manifesto Report No.2: Making Every Child's Music Matter*. London: The Stationery Office.

Nelson, S. (1985) 'The Tower Hamlets Project', *British Journal of Music Education*, 2(1):69-93.

Philpott, C. (2007) *Learning to Teach Music in the Secondary School*. London: Routledge.

Philpott, C. and Plummeridge, C. (eds) (2001) *Issues in Music Teaching*. London: Routledge Falmer.

Pitts, S. (2000) *A Century of Change in Music Education: Historical Perspectives on Contemporary Practice in British Secondary School Music*. Aldershot: Ashgate Publishing Limited.

Russell, D. (1987) *Popular Music in England, 1840-1914*. Manchester: Manchester University Press.

Salaman, W. (1983) *Living School Music*. Cambridge: Cambridge University Press.

Swanwick, K. (1994) *Musical Knowledge: Intuition, Analysis and Music Education*. London: Routledge.

第2章
クラス全体の器楽及び声楽の教育の現代的な背景

Julie Evans

序

　「クラス全体の器楽及び声楽の教育」（WCIVT）の現代的な背景は、刺激的であり急速に発展している。（政治家の言葉である）「イニシアティブの嵐」はイギリスの主流な小学校において児童に認められており、前の世代よりも歌ったり楽器を演奏したりする機会がより拡大している。児童は学校を越えて、器楽の先生や訪問芸術家を含む音楽家とコラボレーションを行っている。挑戦はこれらの発展の中から生まれている。指導と学習の新しいアプローチは、児童がクラスにおいて演奏したり歌ったりすることを学習するときに採択される。また、カリキュラムの中と学校を越えて児童が音楽を学ぶことに関連が生まれ、中学校は児童が小学校で学んできた経験の上に積み重ねる。

　本章では、クラス全体の器楽及び声楽の教育の現代的な背景を確立することを目的とする。そのために以下のことについてとりわけ焦点をあてる。

- ●「クラス全体の器楽及び声楽の教育」（WCIVT）と、イングランドやウェールズのナショナルカリキュラム間の共通性の確立の中で、20年間に起こった発展
- ●「クラス全体の器楽及び声楽の教育」のための、政府の特別な資金供与

ナショナルカリキュラムと「共通のアプローチ」

　法令であるイングランド、及びウェールズの音楽のためのナショナルカリキュラム（NC）は1992年に制定され、基礎教科として、音楽はKey

Stage3 の終わりまで、必修のカリキュラム教科になった。当初から、カリキュラムの中の音楽とカリキュラムを超えた音楽は本質的につながることを意図しており、ナショナルカリキュラムの「5 歳から 14 歳のための音楽（最終報告)」では以下のように述べられている。

> 器楽の教師は、児童が一般的な音楽カリキュラムに到達していること、カリキュラムに含まれる勉強の詳細な計画、教室で使われている課題や教材について留意するべきである。器楽のレッスンは新しい形式で提供されるべきであり、添え物や選択可能な余り物としてみなされるべきではない。（DES 1991:58)

　音楽アドバイザー国家連合（MANA）は先進的な文書「器楽の指導と学習の背景：音楽教育のためのカリキュラムの共有」（MANA 1995）を提示している。同書は器楽の授業が音楽カリキュラムに「追加された」ものとみなされていること、少数によって請け負われていること、音楽の主流とは分離されて指導され、授業や他のカリキュラムにおけるより広い音楽教育プログラムで指導、学習されているものとは関係のない退屈なものとして提供されていることを強調している。（MANA 1995:3)

　1995 年の NC Orders for Music では、聴覚認識、技術、解釈、作曲、コミュニケーション、批判的思考はバランスのとれた器楽カリキュラムによって完全に共存できることを提案している。音楽的経験の幅を超えて児童の学びの一貫性を保証するために、器楽とクラスの教師はカリキュラムの音楽を補足して完全なものにして高める方法を考える必要があると MANA は信じている。同時に、クラスの音楽のために器楽学習を豊かにして強化する必要があると強調している。（MANA 1995:6)

　この哲学を打ち立て、音楽サービス連盟（FMS）と音楽教育者国家連合（NAME）は「共通のアプローチ：器楽と声楽のカリキュラムのための枠組み」と呼ばれる資料を作成した。（FMS/NAME 1998）その資料では、すべての子どもたちが歌い、楽器を演奏できる機会を持つべきであるという理想が強調されている。この枠組みは器楽及び声楽の指導のための筋の通った進歩的なカリキュラムを計画するための共通のアプローチを提供しようとしており、ナショナルカリキュラムの要求を補い反映するもの

である。演奏し歌を歌うことは、ナショナルカリキュラムと同様、枠組み
の中心であり、演奏と作曲、鑑賞と評価は各学年に含まれている。記号
以前に音が前提であることも強調されている。その後、2002 年に FMS、
NAME と王立音楽大学（RCM）は「共通のアプローチ」を補足した文
書シリーズをプロデュースした。それは「共通のアプローチ 2002：器楽
と声楽のカリキュラム」と呼ばれる器楽属の詳論であった。「共通のアプ
ローチ」は児童の器楽と声楽の学習の進歩を目指した音楽サービスに対す
る一貫したアプローチとなり、児童のカリキュラム内での音楽活動と学校
の授業を超えた音楽レッスンのつながりを促進した。

"Wider Opportunities Pledge"（開かれた機会の保証）

　これらの発展にもかかわらず、音楽サービスへの基金の変更があり、
1990 年代の半ばに器楽教育の提供が突然減ってしまう。このことは強い
反響を誘発し、Pierre Boulez や Simon Rattle といった著名な音楽家によっ
て、新聞でこの問題について幅広く議論された。Plummeridge と Adams
は以下のように述べている。

> 音楽家と教育家はこの憂慮すべき事態に対してはっきりと反応しなければな
> らない。戦後に成功した価値のある学校音楽教育が、近視眼的な経済政策に
> よって取り返しのつかないダメージを受ける危機に晒されていることに対し
> て多くの人が不安視している。限られた子どもたちの楽器指導の機会は後退
> し、平等の機会の原理に反すると音楽教育家は論じる。そして供給の欠落は、
> ついに国の音楽生活へ否定的な影響をもたらすという。

（Plummeridge and Adams in Philpott 2001：224）

　1997 年、政府は器楽指導の衰退に関する憂慮に応えて、学校の音楽に
対する公約を再び主張した。2 つの大きな展開があり、すべての子どもた
ちの興味と才能を追求し育てることを保証したスタンダード音楽基金の設
立と、カリキュラム外の音楽を改善し拡大させることを目的とした Youth
Music Trust（今は Youth Music）の設立である。スタンダード音楽基金は、
音楽サービスの改善と拡大にかなりの金額を配分することを保証するもの

であった。

2001年「*Schools Achieving Success*」の白書において、政府は「時間外に希望する児童全員が楽器を学ぶことができる」ことを保証すると誓った。(DfES 2001 : 12) これは "Wider Opportunities Pledge"（開かれた機会の保証）として知られている。この保証の公約はかなり曖昧である。「時間外」について特別な時間枠を提案しておらず、児童がどうすれば自発的に楽器を学ぼうとするのか明確にされておらず、重要なことは、楽器なら何でも学ぶことができるとされていることである。この曖昧さにもかかわらず、保証はかなりのインパクトがあり、革新的な反応が見られた。

2002年、Youth Music では、DfES（Department for Education and Skills 教育技能部局）との共同により、KS2の児童を含め、どのようにすれば専門家による楽器指導を広められるかを示す13の試験的なプログラムを設定した。QCA（Qualifications and Curriculum Authority）はどのようにすれば楽器指導を広め、音楽のナショナルカリキュラムを豊かにするかを示した補足的な活動単元を提示した。プログラムの主な目的は以下のとおりである。

- KS2の試行期間の間に、専門家による器楽指導を出来るだけ多くの児童が受けられるようにする。
- 専門家による教育に着手する前に、多くの児童に新しい音楽経験を与える。
- 確実な基礎を形成し、個人で選択するための音楽的技能と経験を児童に与える。

Wider Opportunities プログラムの大多数は、クラス全体や児童の大きなグループをターゲットとしている。Ofsted の評価資料「Key Stage2 の児童のための専門家による器楽教育における Wider Opportunities」(Ofsted 2004) において、自信のある専門的な「音楽リーダー」が教師とチームを組むことによって、試験的なプログラムを確立、強化、発展させ、さらに、音楽リーダーがカリキュラムの専門家であり、経験のある器楽指導者である場合、もっとも良い結果になったと提唱している。多くのプログラムの中で、成功する新しいパートナーシップは、学校に基盤を置く音楽スタッフ、音楽サービスの指導者、プロの音楽家で形成され、この三者が大

勢の児童を協働で指導したときに、もっとも良い結果が得られた。Wider Opportunities プロジェクトの案内人はアフリカンドラムやインドの伝統的な音楽、スチールパンを含む多様なジャンルの音楽をグループで作ることを推奨した。これらのプロジェクトは包括的な演奏者の集団であり、児童の文化適応について考える機会を与える。

　2004 年まで学校の KS2 の児童の 10％が Wider Opportunities プログラムに関わっていた。そして、2008 年までにはすべての KS2 の児童の半数以上が Wider Opportunities プログラムに関わっていたと Hallam 他（2007）は述べている。2002 年では音楽サービスで学んでいる児童の３分の２が西洋のクラシックの楽器を教えられていたが、2004 年では世界の音楽やフォーク音楽、ポピュラー音楽を含む幅広いスタイルやジャンルを超えて多様な楽器を学ぶ機会を児童は与えられている。Wider Opportunities プログラムは広範囲の音楽スタイルやジャンルを網羅し、ウクレレやオカリナ、児童が作ったがらくたのような打楽器といった変わった楽器を学ぶことも含まれる。器楽と声楽の指導と学習に含められるものを広げることは、有望な成果であり、彼らにとって関連性のあるスタイル、ジャンル、伝統で歌ったり楽器を演奏することを学ぶことができる。

　この器楽学習に対する政府の給付は、新しいアプローチの発展を意味している。政府は DfES 経由で、KS2 に音楽を届ける専門的な発展プログラム、とりわけクラス全体の器楽と声楽のプログラムを続けるために、2007 年に多額の基金を与えた。この成功した革新的なプログラムは、参加者に対して一対一で行うワークショップ、オンラインリソース、個人指導を提供している。2010 年までに 4000 人を超える指導者がプログラムに参加した。

　2008 年、教育相は 2008 年から 2011 年の期間、音楽に対して３億 2200 万ポンドの政府基金を承認し、政府のもっとも重要な優先事項は、すべての小学校の児童に少なくとも１年間自由な音楽教育を拡大させ、2011 年までには全国的に行うことを繰り返し発言した。政府の「音楽に対する標準交付金のガイダンス、2008 年 11 月 1 日～ 2011 年」は次のように公表している。「2011 年までにすべての小学校の児童が楽器を学ぶ機会を持つことが出来ると私たちは信じている。」（DCSF 2008：1）教育相は In Harmony と呼ばれる基本的な新しいオーケストラプロジェクトを明らか

にした。これは 1975 年に Jose Antonio Abreu がベネズエラのカラカスで貧困層の子どもたちに音楽のレッスンを行い始め、大変成功しているベネズエラのエル・システマ El Sistema というプロジェクトにインスピレーションを受けたものである。貧しい地域の学習者は音楽を通して貧困から脱する機会を与えられると Abreu は信じている。「音楽は子どもや若者に、達成の精神、卓越、美への熱中、汚れのなさ、正義、気高さの種をまき、人格を変化させる」と信じている。（ワシントンポスト、2006 年 12 月 15 日付からの Abreu の引用）

　エル・システマはとても成功しているため、ベネズエラ政府はその可能性について実感し、保健社会開発省もプロジェクトをサポートしている。ベネズエラには現在子どもや若者のためのオーケストラが数百あり、25 万人以上の子どもたちが参加している。

　DCFS（Department for Children, Schools and Families）の新聞記事には In Harmony プロジェクトについて次のように述べられている。

> 国のもっとも困窮している地域の子どもたちが、カリスマ的で高い質の音楽教師によって楽器を教わる。彼らはフルオーケストラに連れて来られ、早い段階から聴衆の前で演奏することを勧められる。4 歳くらいの子どもたちがオーケストラの一員となってコンサートで演奏する。（DCSF 2008）

　政府はリバプール、ノリッジ、ランベス、南ロンドンの In Harmony プロジェクトに対して、試験的に 3 年間で 300 万ポンドの財源を計上した。
　器楽指導の 1 対 1 による伝統的なモデルは、アンサンブルに加われる基準に到達するまで子どもたちはかなりの時間自宅で練習することを要求されるが、必ずしも貧困層の子どもたちには合っているとは言えない。ベネズエラのアプローチは夢中になるもので、子どもたちは週のうち数回集まり、演奏するときは絶えず音楽家とともにいる。システマスコットランドはスターリングで 2008 年 6 月、初めての試験的プロジェクトとして始められた。（イングランドの In Harmony と似ているプロジェクトである。）システマスコットランドはこれらの原理を取り入れ、参加している児童だけでなく、地域の共同体にまで大きなインパクトを与えている。In Harmony プロジェクトが急増して、南アメリカと同じような成功になる

かどうか試されている。貧困層のイギリスの子どもたちに計り知れない社
会的インパクトを与えるのかどうか、南アメリカの子どもたちと異なる点
を観察することは面白いであろう。

　歌唱や声楽の授業を軽視してはならない。音楽マニフェストレポー
ト No.2 の "*Making Every Child's Music Matter*"（DfES 2006）において、
Howard Goodall は力強く述べている。

> 歌うことは、人類にとって笑うことと同じくらい自然で楽しい。簡単で普遍
> 的で、最初に母親や他の人との絆を結ぶ。言葉やコミュニケーションの理解
> を補完し、学習過程を促進する。歌はある文化もしくは他の文化において排
> 他的に属するものではなく、楽器のように、一つの場所、時間、部族へ行き
> つく遠い系図をたどることもできない。歌は音楽表現の中でもっとも安価な
> 形式で、多くの子どもたちが音楽の旅を始めるところである。（DfES 2006：
> 30）

　音楽マニフェストレポート No.2 によると、「歌う国家」に発展させる
という政府の意向が確立された。続いて手始めとして Sing Up と呼ばれる
活動が始められ、それは小学校の児童のための国の歌唱活動プログラムで
あり、小学校、家庭、地域で子どもたちの生活の中心に質の高い歌がある
ことを保証することをねらいとした。Sing Up はその目的を「私たちは歌
唱を学校の中心としたい」（www.singup.org）と述べている。そして以下
のように提案する。「どの子どもも毎日歌う機会を受けるに値する。歌は
学習、自信、健康、社会性の発展を増進させる。生活を変え、より強い共
同体を築く力を持つ」
　プログラムはコースやワークショップを通して幅広い教育を提供する。
オンラインリソースには広範囲にわたる Song Bank が含まれ、それはす
べての曲にサウンドトラック、伴奏版、どのようにその歌を効果的に指導
すればよいかという提案が付いている。
　イギリスを越えて児童は Sing Up に参加する機会がある。Sing Up の
Song Bank から歌い、演奏に参加して Sing Up の賞を得たり、Sing Up が
提供している CPD（Continuing Professional Development）に参加して教

師が自信を得ることもある。

　最近の基金と発展により、イギリスではクラス全体の声楽と器楽の教育がしっかりと確立している。このことは音楽家と音楽教育者が、クラスや大人数のグループでの歌や演奏を学習する際の、音楽的な利益と他の利益について再評価しなければならないことを意味している。長期にわたって確立され、ヴィルトゥオーゾのソリストを育成するコンセルヴァトワールの音楽授業モデルは、本格的なレッスンを通して技術を熟達させてきた。エル・システマプロジェクトに実証されるような素晴らしい社会的利益はなくても、クラスや大人数グループの指導は疑いなく学習者に対して利益を与える。Hallam（1998 : 253）はグループ授業では以下のことが出来ると信じている。

- ●教師と児童を刺激する。
- ●新しいメソッドや方策を実証する機会を与える。
- ●音楽的、技術的の両面で批判的な評価の機会を与える。
- ●児童に自主的な学習を促進する。
- ●より楽しくなる。
- ●臆病に打ち勝つため形式ばらない演奏の機会を与える。
- ●恥ずかしがりの子どもには他者との演奏を通して抑制された感情を軽減する。

　Swanwick はクラスやグループ指導の可能性について次のように要約している。

　グループで作られる音楽は、経験の範囲を広げる無限の可能性を持ち、他者の演奏や演奏のセンスを批判的に評価することが含まれる。音楽は社会的背景の中で演奏されるだけでなく、このような背景を学習し理解する。音楽と音楽の学習は、思考、練習、演奏、反応、模倣による学習、他者との比較によって、計画、イメージ、スキーマを築きあげる。私たちは他者を観察することによって強く動機づけられ、仲間に負けまいと張り合うことによって、「教師」と呼ばれる人に教えられるよりもより直接的な効果がある。

（Swanwick 1994 : 151）

現代のクラス全体の器楽と声楽の教育の背景は積極的なものであり、Gordon Cox は次のように述べている。

> 現状で希望を感じられることは、Standards Fund、Youth Music、the Music Manifesto、the Musical Futures のイニシアチブが最近発展していることと、以前は分かれていた学校の音楽の授業、カリキュラム外の音楽、楽器の指導、地域共同体における音楽に対して、それらを結びつける小道が出来始めたことである。(Rainbow with Cox 2006 : 385)

イギリスの多くの小学生が、前の世代よりも歌や楽器を学習する機会が増えるであろうというところに私たちはまさにいる。彼らの学習経験を出来るだけ高い質にして、「結びつける小道」を増やし、効果的な教育学を発展させることを保証する活動を私たちは続ける必要がある。

参考文献

Department for Children, Schools and Families (DCSF)(2008) *Guidance on the Music Standards Fund Grant 1.11 2008-2011*. London: The Stationery Office.

Department for Education and Skills (DfES)(2001) *Schools Achieving Success*. London: DfES.

Department for Education and Skills (DfES)(2006) *Music Manifesto Report No.2: Making Every Child's Music Matter*. London: The Stationery Office.

Department of Education and Science (DES)(1991) *Music for Age 5 to 14 (Final Report)*. London: DES.

Federation of Music Services and National Association of Music Educators (FMS/NAME)(1998) *A Common Approach: A Framework for an Instrumental / Vocal Curriculum*. London: Faber Music.

Federation of Music Services, National Association of Music Educators and the Royal College of Music (FMS/NAME/RCM)(2002) *A Common Approach 2002: An Instrumental/Vocal Curriculum*. London: Faber Music.

Hallam, S. (1998) *Instrumental Teaching: A Practical Guide to Better Teaching and Learning*. London: Heinemann.

Hallam, S., Creech, A, Rogers, L. and Papageorgi, I.(2007) *Local Authority Music Services Provision 2007 for Key Stages 1 and 2. Research Report DCSF-RR014*. London: DCSF.

Music Advisers'National Association (MANA)(1995) *Instrumental Teaching and Learning in Context: Sharing a Curriculum for Music Education*. London: MANA Office for Standards in Education (Ofsted)(2004) *Tuning In: Wider Opportunities in Specialist Instrumental Tuition for Pupils in Key Stage 2*. London: The Stationery Office.

Philpott, C. (2001) *Learning to Teach Music in the Secondary School*. London: RoutledgeFalmer.

Rainbow, B. with Cox, G. (2006) *Music in Educational Thought and Practice* (new edn). Woodbridge: Boydell & Brewer.

Swanwick, K. (1994) *Musical Knowledge: Intuition, Analysis and Music Education*. London: RoutledgeFalmer.

Websites

www.education.gov.uk

www.singup.org

第2部
アクセスとインクルージョン

場面設定

Gary Spruce

　The Wider Opportunities Pledge は「時代とともに楽器を学ぶ機会を切望している小学校のすべての児童」[1] に、今まで少数派にしか機会のなかった音楽教育に対してすべての子どもたちがアクセスできるように、イギリス政府によって唯一委託されたものである。しかし、教育的な論文では、この言葉は共通して関連付けられているにもかかわらず、アクセスは必然的にインクルージョンに帰着しているわけではない。「Wider Opportunities」や「クラス全体の器楽及び声楽の教育」（WCIVT）はアクセスから起こってきたとある人は論じるかもしれないが、アクセスの問題を扱うにはまだ先で、インクルージョンのより挑戦的な観点として当然のことのように扱うことでもない。第2部では、私たちはアクセスの問題、とりわけ幅広い観点から WCIVT におけるインクルージョンについて考えていく。

　アクセスとインクルージョンの原理の含意を明らかにするように求められた時、応答者はすべての子どもたちがアクセスでき包括されることへの保証、彼らのニーズに合ったカリキュラム、アクセスとインクルージョンに対する障害が述べられるであろう。これらの障害は、認知的、行動的困難と身体的損傷に関連付けられる。このような障害について述べることは重要であるが、教師の参加によってすべての子どもたちがカリキュラムにアクセスするだけでなく、その中に含まれるということは挑戦でもある。（西洋の社会において）過去 100 年、教育への普遍的なアクセスは、インクルージョンの欠如によって、教育から多くの子どもたちを疎外することにもなった。

　このインクルージョンの欠如は、（学校で行われている）公教育の結果である。その公教育は、カリキュラム、評価、教育学を通して、子どもたちが疎外されている、不適切であると気づく支配的な社会、宗教、ジェンダー、文化的なグループの価値や規準を反映している。子どもたちが重要

であるとか関係があると考えていたものが拒絶され、低く評価される価値や規準であると理解した時、または彼らの世界への理解が認められなかった時、公教育からの疎外が起きる。これはとりわけ音楽の中で起こり、最近まで特別な文化的、社会的価値を反映するクラシック音楽の実践が唯一促進され、多くの子どもたちが学校の音楽を拒絶する様子が見られた。カリキュラムの中で人気がなく、多くの子どもたちが学校の外の音楽と関わることは、教科の深刻な皮肉である。(Harland 他 2000)

　もし WCIVT や Wider Opportunities Pledge でインクルージョンの目的が認識されていたなら、教師は幅広いアプローチを採用する必要がある。このアプローチは認知的、行動的、身体的な必要性と障害(特別支援教育と言われる)による学習障壁に本気で取り掛かるだけでなく、子どもが関わることができない、弱点と感じている音楽における価値や規準から生じる障壁が、プロジェクトに可能性を持たせ、音楽的な独自性を持つということに焦点を当てる必要がある。

　アクセスとインクルージョンのヴィジョンを探し求める際、Jellison (2006：257) の以下の言葉に同意する。「音楽教育への挑戦は、すべての子どもたちに対して多様な教育的社会的な場の機会を与え、その結果子どもたちは首尾よく質の高い音楽的経験を得る。」しかし、この方策と過程において Lucy Green の言葉を借りれば、「若者の声を聞き、彼らの価値や文化に本気で取り組むことを中心におかなければならない。」(Green 2008：185)

　このセクションでは、4 人の著者がアクセスとインクルージョンについて、その展望から考察する。第 3 章の「成長する音楽家」では、Lis McCullough 氏が本書を通して繰り返される 2 つの問題に対して明らかにしている。第一に、もし教師が、子どもたちに音楽上必要なものを与えようとするなら、教師は子どもたちを音楽家として理解する必要がある。しかし、このことを知るためには、教師は音楽的な達成と発展が意味するもの、子どもたちがこのような達成や発展を実際にやってみる多くの方法、強い影響を与える要因を理解する必要がある。この理解なしでは、教師は子どもたちが達成したいとするものを理解し、児童と音楽的な話をして、結果としてアクセスとインクルージョンの問題に取り組むことができない。

　子どもたちの音楽的な成長（知識、理解、技能）を表す多様な方法を認識することは、アクセスとインクルージョンの挑戦の中核的なものである。もし音楽的な成長の一側面（例：演奏）が教室内で除外されるなら、子どもの音楽経験を貧弱にするだけでなく、未開拓の分野で音楽的な成長と達成を表す子どもを失敗だとみなしてしまう。

　McCullough によって明らかにされた第二の問題は、子どもたちが音楽教室に持ち込んでくる音楽的な技能、理解、価値は高く評価され尊敬されると信じることと、学校の中と外の音楽を結びつけることの重要性である。この尊敬や結びつきがなければ、子どもたちは音楽カリキュラムから締め出され疎外感を味わう危険性がある。

　子どもたちの大集団を教えることは、個人や小グループを教える教師にとって心配である。この指導の結果、時に子どもたちを教えるというよりは、「子どもたちを管理する」ようになる。第 4 章「包括的な音楽のクラス授業の促進」では、Carolyn Cooke はアクセスとインクルージョンの原理によって補強された指導を通して、挑戦的な行動に取り組み先取りする方法が得られると主張する。彼女（Cooke）は誰もが認められていると感じられている音楽教室において、学校へ子どもたちが持ち込む音楽の価値や技能の状態が発展すると続ける。子どもたちはインクルージョンの感覚を経験すると、結果学習に没頭したり「フロー」という状態に達する。中村と Csikszentmihalyi の論文（2002）を引用しながら、Cooke はフローの状態に到達するのに寄与する要因がどのように教室内で達成されるかについて述べている。

　子どもたちが音楽教室で仲間に加わっていると感じるには、教室の外で行われている音楽、外部で育つ音楽的な価値と技能を、尊敬を持って扱い、教室の中で価値づけ、称賛することが重要である。子どもたちを独立した音楽家として尊敬することは、インクルージョンや彼らをサポートする基本である。Katherine Zeserson によると、「音楽のスタイル、ジャンル、伝統は世界の音楽遺産を創る」とし、それは「世界遺産の莫大な豊かさ」であるとする。「異なる音楽のスタイル、ジャンル、文化の中で表される音楽活動は、音楽学習に対して幅広いエントリーポイントを与え「包括的な教室での力強い手段になる」と Zeserson は続ける。第 5 章では音楽の幅広い事例を引用しながら、クラス全体の器楽と声楽のレッスンにお

いて、教師はいかに「(子どもと教師のために) 音楽の幅広い領域を提示し、ナビゲートしながら発見を共有するか」を示している。

第6章は、「特別な教育的ニーズを持つ人たちを含めること：クラス全体の器楽及び声楽の教育」であり、Sally Zimmermann は、特別な教育的ニーズを持つ人を含むすべての子どもたちの要求に応えるための、包括的アプローチについて論じている。特別な教育的ニーズを持つ子どもたちが示す特徴を概説するだけでなく、このような子どもたちが含まれることに順応した中でインクルージョンについて提案する。私たちは個々のニーズに対してお決まりの仮定に紛れ込むことを避けなければならず、児童の困難なこと、必要なことに対して、本気で取り組まなければならない。子どもにラベル付けをして教えてはならない。子どもたちが必要とするものは、良い指導に特徴づけられる方法を通して出会う。

もちろん指導方法は幅広い音楽のスタイルや伝統から計画し引用することと同じくらい重要である。しかし、これらすべては一つの中心的な目的に寄与するだろう。Witchell によると、音楽を教えることは「すべての子どもたちの人間性に寄与し、その影響は生涯に渡って持続する。これはすべての学校や音楽教師にとって良い目標となる。学校の中の音楽がすべての児童の個々の要求と結びつくことが保証されることが最終結果となるべきである。」(2001:204)

注

[1] The Wider Opportunities Pledge は教育大臣である David Blunkett によって交付され、イギリスの学校においてのみ実施された。

参考文献

Green, L. (2008) *Music, Informal Learning and the School: A New Classroom Pedagogy*, Aldershot: Ashgate.

Harland, J., Kinder, K., Lord, P., Scott, A., Schagen, I. and Haynes, J. (2000) *Arts Education in Secondary School: Effects and Effectiveness*. Clough: National Federation for Educational Research.

Jellison, J. A. (2006) 'Including everyone', in G. McPherson (ed.)*The Child as*

第2部　アクセスとインクルージョン

Musician. Oxford: Oxford University Press.

Nakamura, J., Csikszentmihalyi, M. (2002) 'The concept of flow', in C.R.Snyder and S. Lopez (eds) *Handbook of Positive Psychology*. Oxford: Oxford University Press.

Witchell, J. (2001) 'Music education and individual needs', in C. Philpott and C. Plummeridge (eds) *Issues in Music Teaching*. London: RoutledgFalmer.

第3章
成長する音楽家

Lis McCullough

序

　音楽的発達に関する知識は重要である。なぜならば、教師が行う決定は彼らの根底にある考え、信念、態度によって決められるからである。ゆえに、教師が音楽的発達について考えることは、児童が行うことに対して、何をいかに計画し、教え、評価するかに支えられている。理論は意識的、無意識的に実践を支える。しかし、これは実践的な経験が個人的な理論を発展させるので双方向的なプロセスである。

　本章は、音楽的発達に関する現在の考えを概観し、以下の観点から「クラス全体の器楽及び声楽の教育」（WCIVT）の意味を関連付ける。

- ●音楽的発達の本質
- ●音楽と関連分野における発達の理論
- ●クラス授業において音楽的発達の観点がどのように認識されているか。
- ●音楽的発達はどのように支えられるか。

音楽的発達とはどういう意味か？

　教育的な背景から、発達はより良い方へ変化することを意味する。しかしながら時間の経過とも定義される。「発達」や「進歩」という言葉は、互いに取り換え可能なものとして共通に用いられる。そして、総合的で一般的な全体論、または音楽に関連する特別な観点の中で考えられる。

　音楽的発達の異なる観点は以下のようなものが含まれる。

- ●音楽的知識の異なるタイプとは：方法の知識（技能）、その物に関する知

識（事実に関する）、〜に関する知識（熟知した知識）である。後者は「音楽を知る際、まさに中心的な核となるもの」（Swanwick 1994 : 17）であり、残りの 2 つは一助となるものである。例えば、特定の音楽作品に関する事実は聴く人の評価に影響し、技能は人々が望む方法で作曲や演奏が出来るようになる。

●音楽に従事する異なる方法（例えば、作曲、演奏、鑑賞、評価、歌唱、記譜）
●音楽そのもの（ナショナルカリキュラムが「要素」すなわち音程、持続、音色等というもの）の構成要素に関係する概念的な発展

　しかし、音楽がすべての子どもの成長に寄与するにつれて（Welch and Adams 2003; Hallam 2009）、音楽的発達は身体的、感情的、社会的発展といった音楽外の観点の影響を受ける。例えば、子どもが調子に合わせて歌う、間違いなくタンバリンを叩いて演奏するといった能力は、身体的成熟や音高、リズムといった概念の発達に負っている。

　しかし結局は、発達の概念を理解したり、現実的な指導目的のためこの問題は乗り越えられるが、その目的は音楽を構成する理解、技能、傾倒の中で、「考える方法」「知る方法」として全体的に成長することである。（Swanwick 1999 : 23）

活動 3-1　音楽的発達について考えよう

　経験のある教師は、音楽的発達が意味するものを解きほぐす。

　　私が音楽的発達と関わろうとする際、次のような言葉が浮かんだ。信頼、調整、認識、分析、報告、創造、リズム感覚や音程感覚の発達、聴く、演奏する、作曲するといった一般的な技能、これらすべての関わりが分かるようになることである。（Meyer and Lamont 2009 : 44）

　あなたの頭には何が浮かびましたか？できるだけ多くの言葉を簡単に書き留めて、あなたにとって意味を成すものを分類してみよう。おそらくこの章の早い段階で区分に着手する。このことは有益なチェックリストを提供する。

　　●個人同様、クラス全体の発展を考えよう。

●長、中、短期間で計画しよう。
●授業や活動の効果を反映しよう。
●子どもたちと学習について話そう。

音楽的発達のいくつかの理論

　表 3-1 は音楽的発達とその関連について叙述している幾人かの執筆者と文書の概観である。これらの叙述は大抵の子どもたちにあてはまる普通の発達と、個々の子どもたちに関する例外がある。どの年代においても当然荒削りの規準であることを覚えておいて頂きたい。成人初期までの連続性は、Key Stage2 の児童の音楽的行程を含む。

　表 3-1 から「一つ、あるいは同じ意見はなく、考えや意見の多彩な展開」（McPherson 2006 : v）が見られる。しかしながら、型にはまる前の基本的な音素材や音の鳴る物（人が作り出す音も含む）への感覚運動的探究から、子どもがどのようにして音楽が成り立っているのかを認識する、つまり子どもたちが育てられた支配的な文化を特徴づけるパターンや規範といった型にはまった段階まで、一般的かつ全体に関わる発達パターンがある。Key Stage2 は、子どもたちが彼らを取り巻く規範をマスターしようと夢中になっている時期である。「London's Burning」をリコーダーでひっきりなしに演奏していることを考えてみよう。子どもたちが思春期よりも、この時期の方が音楽スタイルの幅に対して「開かれた耳」を持っているという証拠がある。（Hargreaves 1996 : 164）（教育だけでなく周りの文化を取り入れることによって）直接の音楽文化のルールを学ぶことにより、一般的な音楽と特別で個人的な傾倒の双方に対して、思慮深い考え方を持つ慣例的な段階の次を行く前に、若い人は音楽文化を壊し、演奏する。他の芸術分野や言語の発達だけでなく、道徳的、社会的発達においても同様の進歩が見られる。

どのように子どもたちの音楽的発達を認識するか？

　子どもが考えていることを見ることはできないので、子どもが言うこと

を聞くだけでなく、することを見ることも必要で、学期、1年、学年といった時間を越えて比較することが必要である。子どもやクラスの記録を保存するだけでなく、毎年の進歩についての予想を共有する手段として、学校での実践記録を貯めておくことをOfstedは推奨している。（2009: 18）しかし、含まれる様相には幅があるため、以下のことを忘れないでおくべきである。

- ●行っていることを説明出来ない子どもは、関連する概念の理解について必ずしも欠けているとは言えない。
- ●はっきりと適切な用語を用いている子どもは、実践の中に知識を入れ込むことは出来ないかもしれない。
- ●態度や身体的な技能は、子どもが出来ることや行うことに対して重要な役割を果たす。
- ●個人の中でも変化がある。例えば、楽器で楽譜に書かれた音を演奏する際、高度な技能を持つ子どもでも、作曲する時は自信がないかもしれない。
- ●子どもたちは慣れていない状況では後退しているように見えるかもしれない。

　子どもたちの実際の音楽活動を考えると、もちろん児童が理解していることを教師が理解することはきわめて重要である。しかし、例えばダンスのような他の芸術形式によって音楽を表すことにより、付随的な方法を使用することも出来る。
　図形楽譜は児童の音楽的思考と発達に対する教師の働きかけを容易にする貴重な方法であり、重要な手段として以下が挙げられている。

- ●音楽を蓄えることにより、別の時に呼び戻すことができる。
- ●児童に対して音と視覚媒体の関係を作らせることができる。
- ●伝統的な五線譜への道筋を与える。

Jeanne Bambergerの研究（表3-1参照）では、とりわけリズムとメロディーについて述べ、他の観点についても自由な立場で観察している。例えば、走り書きする（行動的な）段階の後、象徴的な（記号）の段階に到達する前に、楽器や楽器を演奏する人に焦点があたっている典型的な（図

表 3-1　発達の見解に関する比較

	Swanwick and Tillman（1986） 作曲に関連するが、鑑賞、評価、演奏にも使われる。Piaget（1951）からの引用。累積的―後に包摂する前のレベル	Parsons（1987） 視覚芸術に基づいている。（Piaget のステージ理論）しかし、他の芸術とも関連している。経験によるため、第1ステージ以降は年齢の提示はなされていない。
著者と簡単な説明		
年齢と段階	**0-4歳　素材** 音や音の鳴る物の素材を探究する。音の質、つまり音色と音高、強弱、持続の極端なものに魅了される。加えて楽器や声の探究、例えばシロフォンを上下に鳴らすように音の鳴る物の物理的な操作に魅了される。作曲は時にまとまりがない。	**0-5歳　偏愛（優遇）** 子どもは色や自分が関係する問題に興味がわき、自分をアピールする。
	4-9歳　表現 速さや強弱の変化を通して表現的な特徴として音楽をとらえる。明らかに構造的なコントロールは欠けており、7、8歳までは型にはまった長さと構成で短い身振りやフレーズを作る。	**美しさと写実主義** 美しさ、写実主義、技術が重要である。 **表現力** 絵画の感情的な力は重要である。個人的な経験に基づく「メッセージ」を理解する。他者の異なった見解に気づく。
	10-15歳　形式 試みや驚きが考慮され、その土地固有の取り巻く文化がしっかり確立される。繰り返し、変化、対照、連結が認識され使用される。技術的、表現的、構造的コントロールが長い時間をかけて信頼できる筋から確立され始める。ポピュラー音楽の影響力がある。	**スタイルと形式** 絵画の形式とスタイルに関心を持つ。とりわけ社会的な背景や伝統に関連して関心を持つ。
	15歳以上　価値 音楽の個人的、文化的価値への意識。自主性、独立した批判的評価、特別な音楽スタイルへの持続的な傾倒。（Swanwick 1999：81）	**自主性** 文化的背景の中で、個別の芸術作品に対して塾考する態度をとる。他者ではなく、自らの考えに重きをなす。

	Gardner（1973/1994） ハーバードプロジェクトゼロの中にある芸術的発展のシンボルシステム理論。感情、知覚、創作の3つの連動するシステム。	Welch（2006）、Moog（1976） 声楽、歌の発達
著者と簡単な説明		
年齢と段階のタイトル	0-1歳　前シンボル段階 （存在しないものは想像できない）感覚運動、展開、探究の3つのシステム 1-7歳　シンボルを使う期間 芸術的な過程に参加するために必要な経験と技能を得る。芸術的な過程や産物の慣例を獲得し始める。特別な分野であり、音楽は特異なシンボルシステムである。 7歳以上　その後の芸術的発展 技能、シンボルの使用、批判的な判断、反省的思考が増加する。	0-2歳 片言や声の遊びから輪郭や部分的な歌へと導かれ、時折繰り返される。個々の音高やメロディーの輪郭はあるが、全体的な一貫性は欠如しており、リズムや調性感覚も一致しない。（音階の第一音） 2-4歳 寄せ集めの歌。知っている歌の特徴を借りた自発的な歌。リズム構成がありメロディーの輪郭が分かる全体的に輪郭のある歌。 4-8歳 新しい歌は通常、次のような順番で学ばれる。言葉、リズム、メロディーの輪郭、特別な合間。音程の安定はまず個々の音、それからメロディーの輪郭、小さなメロディーの断片、歌全体となる。自分の歌は、よく知られた慣例、例えば構造や感情の表現を示している。 8-11歳 たいていの子どもは11歳までには調子に合わせて歌う。男子は女子より遅れがちである。より長いフレーズを持続することができる。強弱やリズムのより細かいコントロールができる。 11-15歳 身体的発達により通常12〜14歳で変声期が起きる。女子は8、9歳頃の気息音になるが、男子は声域が狭くなり音程の安定性が減少する。

著者と簡単な説明	Bamberger（1991、2006） 子どもたちが音楽とりわけリズムや音高をどのように理解しているかを表す音楽の図形表現について探究する。注意：タイプ F と M は別個で続いて起こるというよりは、相互に作用し合う。	ナショナルカリキュラム（英国） レベルの説明からの第一文。（DfEE/QCA 1999:36-37） （KS の階級：児童の大多数が Key Stage の終わりには達成していることが期待されている。KS の下の括弧のレベルで大多数の児童が活動している。）
年齢と段階のタイトル	タイプ O 音楽の動きと一致した前表現的な「リズムの走り書き」	KS1 （レベル 1-3） レベル 1：児童はどのように音が鳴って変化するのかを認識し探究する。 レベル 2：児童は音がどのように組織されているのかを認識し探究する。
	タイプ F　描写的 個々の音楽の「切り身」言いかえれば音楽の中で知覚された「かたち」、グループの中での個々の音の機能、主要な特徴、例えば特定の音や部分の大きさがどうなっているか。より直観的である。（例えば、遅・遅・速・速・遅、遅・遅・速・速・遅は 3 つの長い音と 2 つの短い音で表わされ繰り返されている。）	KS2 （レベル 2-5） レベル 3：児童は音が合わさって表現的に使用される方法を認識し探究する。 レベル 4：児童は音の関係性、どのように音楽が異なる意味を表現しているのかを見分け探究する。
	タイプ M　韻律的 前後関係が自由な音のグループ（長・長・短・短・長）に対して、規則正しく一貫した時間区分を伴う。 子どもたちの知覚と方法が発達するにつれて、韻律の整った描写的な表現が発達する。両タイプとも年齢が上がるにつれ、例えばリズムと強弱など一つ以上の様相を含めて考えるようになる。 （正式な五線譜表） 直観というよりは教育の結果である。	KS3 （レベル 3-7） レベル 5：児童は音楽的な工夫、及びどのように音楽が時間と空間を表現しているのかについて確認し、探究する。 レベル 6：児童は選んだ音楽のジャンルとスタイルのプロセスや背景の違いについて確認し探究する。 レベル 7：児童は選んだジャンル、スタイル、伝統の音楽的慣例や影響について識別し、探究する。

	レベル8：児童は選んだ音楽的素材、ジャンル、スタイル、伝統の特徴や表現的な可能性について識別し利用する。 優秀な演奏：児童は異なる解釈を識別し発展させる。彼らは個人的なスタイルを発展させながら自らのアイデアや感情を表現する。

像）の段階がある。形式的な五線譜に関する慣例を学ぶことも必要ではあるけれど、例えばペアの8分音符など、子どもたちの毎日の生活の中でイメージが現れるため、記譜法の個人的な特徴は自らの記譜法として象徴的に発生する。

活動 3-2　図形楽譜を使って音楽的成長を調査しよう

　子どもたちが演奏や歌を学んでいる曲の一部を表現するために、図形楽譜を用いる活動を計画しよう。この活動を行った時、彼らの作品を見て、次の問いについて考えよう。

●その表現は子どもたちが考えていることを、どのように示していますか？
●どのような様相が表現されていますか？またどの様相が表現されていませんか？
●一度にいくつの様相が含まれていますか？

　次の学期で同様の活動を実行してみよう。特定の児童が音楽（音楽の様相）について考えていることに、成長を表すような変化は見られますか？
　子どもたちの思考の発達を助ける表記法をどうやって使うことが出来るか考えてみよう。おそらく音高については特に専門用語を使うため、理解するのに扱いにくいことで知られる概念である。誰かの表記法をもとに児童に作曲させて、将来の活動において発展的な方法で表記法を用いることができますか？図形楽譜は音楽の様相を記し、どのように解釈するのかを考える助けになるだけでなく、表記法の主な目的をはっきり示す。つまり、作曲した人だけでなく他者にも読むことが出来る方法で

音楽を蓄積するためである。

クラス全体の器楽及び声楽の教育による影響

　現代の認知心理学では、私たちは得た経験に基づく知識を構成することによって学ぶと考えられている。この知識は以前の知識から作られ、これから先の新しい知識のもとにもなる。異なる様相をよりつなぐことが出来れば、その概念はより洗練されたものになる。このことは、新しい学習は既存の知識が必要であるだけでなく、経験の幅の重要性を強調することを示唆する。例えば、効果的な WCIVT プログラムは Swanwick と Tillman の段階を経て児童を促進すると提案されている。(Stafford 2009)

　個人的な背景にある経験の範囲と音楽的発達に含まれる多くの様相のために、Wider Opportunities class の子どもたちは、異なる発達のステージにいる。そのため教師は成長の機会を与えながら、体のコントロールと音楽的理解の異なるレベルを適応させることの出来る活動が必要となる。子どもの頃は、実践的な活動が精神的概念の形成に重要である。次のケーススタディーでは教師が思考を広げる活動、とりわけ即興や演奏を通して音高、リズム、構造の関連する機会を与え、既存の知識の強化と実践の活動をどのように工夫するかが示されている。

　子どもたちは音楽経験のすべてから音楽の知識と音楽家としての自己同一性を発展させる。そして子どもが学校の外から持ってくるものを認め、尊重することが重要である。カリキュラムの他の領域と同様に、この段階では実際の経験が重要である。しかし、とりわけ KS2 の初期の子どもたちは新しい素材に出会った時、同時に一つ以上のことに集中することが難しく、その結果、例えばリズムの正確さを犠牲にして正しい音程に一時的

ケーススタディー：多機能なリソース

　コルネットの教師は Year4 の子どもたちへの授業の準備をしており、担任は Garage Band（Mac の無料ソフトウェア）にあるループ機能を使って伴奏トラックを作成している。彼女（コルネットの教師）はコル

ネットのパーツの名前に基づいた単純なラップをクラスに教え、その伴奏として伴奏トラックを使う。

　伴奏トラックを用いて、彼女は2小節、8拍で、子どもたちが既に知っている2音をコルネットで演奏し、準備が出来たら加わるように勧める。この音は皆が演奏出来、ロンド（ABACADA・・と構成されている）のAの部分で使われる。そして子どもたちは各自で間に入る（BCD・・）部分を交替で即興する。教師は1音でとても単純なリズムを使った初期の段階を教えるが、これは皆が技術的に把握できることを確実にするためである。授業の後半で、彼女は伸ばした方が良いと思われる子どもに対して、より複雑なリズムを教える。この活動は以下のような方法である。

- ●各個人のレベルで反応する。
- ●教師に、個人の反応を観察させ、必要であればサポートや展開をさせる。
- ●児童が他者の反応から利益が得られるようにする。
- ●「具体音楽」のように単純な楽器の音を確保し、楽しさや自尊心を高める。

　次の授業で、器楽の教師は伴奏トラックを使用する。
- ●例えばラップを使うなど様々なウォーミングアップを行う。もしくは教師と児童がボディーパーカッションを行って、単純なオスティナートを行っているクラスの残りの人を導く。
- ●新しい音を学ぶ時に、呼びかけと応答の活動を行う。
- ●異なる構造とスタイルを探究する基礎として、伴奏トラックを使う。

　クラス担任は打楽器の即興を促すために伴奏トラックを用いる。彼（クラス担任）は児童が家で使えるようにCDにコピーする。

　数名の児童は、Compose World and E Jay（既に学校が所有しているコンピュータソフトウェア）のループ機能にどうすればアクセス出来、リズムトラックを発展させることができるかを探究しており、自らが作ったラップの伴奏に使用している。

に集中したり、その逆をしたりすることもある。

　音楽における成長は直線的ではなく、必ずしも様々な様相において一貫性があるわけではない。進歩には多様な方法がある。子どもたちはよく知っている曲を、長く、速く、より技術的に挑戦するだけでなく、より音楽的に演奏することが出来る。音楽的な成長は、カリキュラムの幅、活動への挑戦、結果の質によって促進される。これは必ずしも異なる活動を行うという意味ではなく、同様の概念や活動が異なった背景において捉えられることが出来、既知のものに特別な要素を加えることができる。

活動 3-3　音楽的成長のための計画

　（4週間から学期の半分の長さで）活動ユニットを計画しよう。以下、明確に示す。

- ●児童の以前の経験をどのように足場にするか。
- ●計画された行程は概念的、身体的成長を促すこと。
- ●どうやって、いつ分化に備えるのか？

　音楽的成長のうち特別な様相を一つ選ぶ。（例えばリズムの一要素を演奏する。）いつ、どのようにその成長を確認したのか、記録をする。もちろん実際にユニットを教えていると他の様相も見えるかもしれないが、一つ焦点を絞っておくと有益であり、次のようなことが可能になる。

- ●一つの様相に集中していると、特別な目的を組み込むことができる。（一度に何もかもするのは不可能だ！）
- ●活動のユニットを越えて、異なる様相を含むことが出来る。

結論

　本章では音楽的発達がいかに複雑かつ多様で、音楽と音楽外の様相から構成されており、発達の側面を表した鋳型によって述べられるものではないことを論証した。しかし、全体論的な音楽性に寄与し、異なった好みや

学習スタイルを提供する学習機会に対応した可能性を音楽的発達は与える。

　子どもの発達は意図的であってもなくても、すべての経験に影響されている。例えば国の歌唱プログラムである Sing Up を手始めに行うという経験が、WCIVT プログラム冒頭の児童のリズム反応を高めるという間接的な証拠がある。提案された小学校のカリキュラムの改変（Rose 2009）は、異なる教科を深いレベルでつなぐような、刺激的な機会が提示されている。芸術や学習領域を超えて、個別の教科が持つ本質を保ちつつ、すべての教科が関わって概念を高める。

　音楽的発達は生涯にわたる。ゆえに教師は児童が将来音楽に携わることに寄与するだけでなく、教師自身も音楽の旅に参加する。教育者の John Holt（1978/1991）は、自らの音楽人生を語った「*Never Too Late*（遅すぎることはない）」というすばらしい本で、WCIVT プログラムに関わる教師をその言葉で励ましている。

参考文献

Bamberger, J. (1991) *The Mind behind the Musical Ear: How Children Develop Musical Intelligence*. Cambridge, MA: Harvard University Press.

Bamberger, J. (2006) 'What develops in musical development?', in G.E.McPherson (ed.) *The Child as Musician : A Handbook of Musical Development*. New York: Oxford University Press.

Coll, H. and Lamont, A. (eds) (2009) *Sound Progress: Exploring Musical Development*. Matlock: National Association of Music Educators. Available from www. name.org.uk.

Department for Education and Employment / Qualifications and Curriculum Authority (DfEE / QCA) (1999) *Music*. London: HMSO.

Gardner, H. (1973/1994) *The Arts and Human Development*. New York: John Wiley.

Hallam, S. (2009) *The Power of Music: Its Impact on the Intellectual, Social and Personal Development of Children and Young People*. Downloadable free from www.ioe.ac.uk/ Year_of_Music.pdf (accessed Oct. 2009).

Hargreaves, D. (1996) 'The development of artistic and musical competence' in I. DeLiege and J.A.Sloboda (eds) *Musical Beginnings: Origins and Development of Musical Competence*. Oxford: Oxford University Press.

Holt, J. (1978/1991) *Never Too Late: My Musical Life Story*. Cambridge, Massachusetts: Perseus Books.

McPherson, G.E. (ed.) (2006) *The Child as Musician: A Handbook of Musical Development*. New York: Oxford University Press.

Meyer, H. and Lamont, A. (2009) 'Musical development at Key Stage 3' in H. Coll and A. Lamont (eds) *Sound Progress: Exploring Musical Development*. Matlock: National Association of Music Educators.

Mills, J. (2009) *Music in the Primary School* (3rd edn). Oxford: Oxford University Press.

Moog, H. (1976) *The Musical Experience of the Pre-School Child*. London: Schott.

Ofsted (2009) *Making More of Music: An Evaluation of Music in Schools 2005/08*. London Ofsted. Downloadable free from www.ofsted.gov.uk (accessed Oct. 2009).

Parsons, M.J. (1987) *How We Understand Art*. Cambridge: Cambridge University Press.

Piaget, J. (1951) *Play, Dreams and Imitation in Childhood*. London: Heinemann.

Rose, J. (2009) *Independent Review of the Primary Curriculum: Final Report*. London: DCSF.

Stafford, E. (2009) 'Whole class instrumental and vocal teaching: A catalyst for musical development' in H.Coll and A. Lamont (eds) *Sound Progress: Exploring Musical Development*. Matlock: National Association of Music Educators.

Swanwick, K. (1994) *Musical Knowledge: Intuition, Analysis and Music Education*. London: Routledge.

Swanwick, K. (1999) Teaching Music Musically. London: Routledge.

Swanwick, K. and Tillman, J. (1986) 'The sequence of musical development: A study of children's composition', *British Journal of Music Education*, 3 (3) :305-339.

Welch, G. F. (2006) 'Singing and vocal development', in G. E. McPherson (ed) *The Child as Musician: A Handbook of Musical Development*. New York: Oxford University Press.

Welch, G. F. and Adams, P. (2003) *How is Music Learning Celebrated and Developed?* Southwell, Notts: BERA. Downloadable free from www.bera.ac.uk/files/2008/09/musicp1.pdf (accessed Oct2009).

推薦書

How is Music Learning Celebrated and Developed? (Welch and Adams 2003) -a user-friendly free download drawing out practical implications from research.

Music in the Primary School (Mills 2009, 3rd edn) - a key handbook for anyone working in primary schools.

Sound Progress: Exploring Musical Development (Coll and Lamont 2009) - a compilation from practitioners across the music education spectrum.

The Child as Musician: A Handbook of Musical Development (McPherson 2006) - a comprehensive academic work for those who want to read more deeply about research in this area.

第4章
包括的な音楽のクラス授業の促進

Carolyn Cooke

序

　大勢の子どもたちのために授業の準備をすることは、今まで個人レッスンや小グループでしか教えたことのない教師にとっては重大なる問題である。「クラスマネジメント」や子どもたちをコントロールするといった教師の恐れは、指導することと離れていって、良い授業のための技術やコツを求めてしまう。しかし、Chris Philpott によれば、それは誤った考えであり、効果的な音楽の学習と指導によってのみ、子どもたちは良い音楽を演奏しようという気になる。(Philpott in Philpott and Spruce 2007 : 102)

　「Wider Opportunities Program」(クラス全体の器楽及び声楽の教育 - WCIVT) の核心は、高い質の音楽教育をすべての人にという基本理念である。包括的な音楽経験の創造は、児童の音楽性を発展させるだけでなく、児童が音楽を創造し、音楽を学び続けるきっかけを起こさせる。

　教師が包括的な環境を達成する責任として、とりわけ一つのことが求められる。それは教師が児童と豊かで洗練された関係性、また児童に関する知識を発展させ維持することである。この知識は才能のある子どもを含めた学力のレベルと、特別な教育、行動の必要性を含む。しかし、とりわけ音楽家としての児童の知識が求められる。それは器楽や声楽の技能だけでなく、彼らの一部分である音楽文化や、学校の内外で関わっている音楽活動を含む。この知識を発展させ、使用することによってのみ、教師はすべての児童に対して豊かで個人的に意味のある音楽学習を約束する授業が出来る。

　成功するインクルージョン(包括)は、教師が以下のような目的で児童に関する知識を用いる際に起こる。

●児童の音楽学習を個人のものにする。
●すべての児童のために、魅力ある音楽体験を提供する。
●すべての児童が効果的に学べるように環境を作り管理する。

　この３つの観点が出会う場所で、もっとも効果的なインクルージョンが起こる。（図4-1を参照）

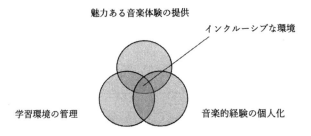

図4-1　インクルーシブな音楽的環境の創造

　本章では３つの観点を詳しく見ていき、それら（３つの観点）がもたらされる方策について考える。

個人化を通してインクルーシブを促進する

　クラス全体を教える際の個人化は、威圧的であったり、時には扱いにくいもののように思われる。しかし、個人化はそれぞれの子どもに異なった指導や方法を用意するといった意味ではなく、個々の児童が注意深く計画された授業によって、異なった学習経験を得るということを理解することである。このような方法により、個人化は２つの方法がある。どのように児童が授業の中で役割を経験し受け入れるか、そして教師は未来の計画への戦略として個人化をどのように使用するかである。

児童を音楽家として理解する

　児童は彼らの学習を拡大させ、そして絶えず音楽的経験と知識の幅を発展しようとしている。この経験と知識に注意することにより、伸びている児童と成し遂げられる活動との間に効果的なバランスを維持することを促進する。児童の見通しから、前の学習の認識からどうやって反応し、学習するのかということが音楽の授業では重要である。ゆえに、児童について見出すことは初期の段階で行われるべきであり、絶え間ない過程であるべきである。（図 4-2 を参照）

　教師と児童のことを知っている他の大人が話し合うことは、出発点として必須である。Wider Opportunities プログラム（WCIVT）の背景において、指導に関わるすべての人々、特にクラス担任や器楽指導者の話し合いは重要である。このような話し合いは授業後も指導の効果に対する評価、児童の個人やグループによる進歩、「次はどこで」を決めるところまで続ける必要がある。

図 4-2　児童を音楽家として理解する：個人化を築く出発点

クラス全体
- クラスではどのような音楽を扱っていますか？（ジャンル・スタイル・活動・演奏）
- 音楽の授業や毎日のルーティンにおいてクラスで使用している、決まったルーティン、ゲーム、歌はありますか？
- クラスではどのような楽器を優先して扱っていますか？その背景で使用している楽器は何ですか？
- どのような音楽言語、記譜法に慣れていますか？

クラスの中のグループ
- クラスの中のグループで、カリキュラム外の活動や一度限りの体験で特別な音楽経験を持っている人は誰かいますか？それはどのようなもので、誰が参加していますか？
- クラスの他の人から異なる範囲の楽器、声楽、作曲の技能をもたらすことができましたか？

●クラスの他の人がより広い音楽言語や記譜法の使用を経験することが出来ましたか？

個人
●カリキュラム外の音楽活動を行っている人は誰ですか？何に参加していますか？（文化、グループのタイプ、楽器、レパートリー、学習スタイル）
●楽器や声楽のレッスンを受けている人は誰ですか？（途中で止めた児童も含む）
●どのような音楽的理解をクラス全体の指導に直接移すことができるのか？また、理解を転用するにはどのような計画を立てれば良いか？

個人が必要とするもの

　ある児童には個性を発揮させる計画が必要である。これは、特別な音楽経験を持っている、身体的、感情的必要性があり話しかける必要がある、音楽的な発達の様相から特別な支援が必要であるといった理由からである。このような個人に対する計画を成功させるには、児童が必要としていることをよく知ること、授業の間児童と相互に作用し合い、彼らの能力に対する知識を深め、次の計画について知らせることによる。このような知識に基づきながら児童へのサポートを計画し、児童が意味のある音楽経験が出来るようにサポートすることは、個人向けの学習の基本である。

　以下のケーススタディーでは、個人的な学習アプローチが音楽的な才能のある児童の支援にどのように使用されるかについて見ていく。

ケーススタディー：ウクレレのクラス授業

　ウクレレの授業を行っている教師は、ピアノとチェロの学習経験のある２人の児童に対する計画について特に言及している。彼女は、（児童が）呼び掛けと応答を先導したり、小グループの活動において個々のパートを支えるなど、２人の児童が多様な役割を探究できるように授業を計画する。ピアノを弾く児童の和音の知識に頼る計画の中で、彼の和

音記号に関する知識を広げる。チェロを弾く児童の弦楽器や指使いに関する知識は、初期の音質や強弱を探究させ、和音の幅やはじき方のパターンを広げる。両児童に目的や機会を与えるのみならず、音楽の語彙や音楽的な反応など、教師は適時児童たちに質問を問いかける。これらの児童に対する計画や話し方は個人的ではあるが、クラス全体の音楽経験と同じ環境の中にある。

　器楽学習に焦点がある授業では、特別な楽器の演奏技能を持つ子どもは、才能があると認識される危険性がある。子どもたちはいろいろな方法で特別な音楽の才能を示すであろう。例えば即興や作曲の活動の中で音色、音高、リズムに対して鋭い音楽的反応や感受性の力を持っていることを通して才能を示す子どももいる。もしこのような子どもたちがWCIVTの授業に含まれていたら、彼らに才能を示す機会を与え、教師は彼らの成長をサポートする計画を行うことが重要である。

活動 4-1　才能のある児童について
　あなたが指導している器楽のクラス授業において、1人は演奏、もう1人は作曲や即興で音楽的に才能のある子ども2人を確認しよう。それぞれに対して
- 才能があるとあなたが感じる音楽的な技能や理解を確認しよう。
- 全体のクラスで特別な技能と理解を示し伸ばす機会を計画する方法を確認しよう。

個人化された相互作用

　インクルージョンを促進する音楽学習を効果的に計画するために、個人的な達成、進歩、学習への障害（文化的、身体的、認知的、行動的）を確認することが必要である。クラスでは、すべての児童が個人的に重要な音楽的貢献が出来ていると感じることがとりわけ重要である。この貢献が何であるのかを確認するために、授業中の児童との相互作用は、個人的な相互作用を含むことが必要である。個人的な相互作用により、個々の子ども

の音楽知識に基づいた相互作用が考えられ、特別な音楽的要望に応じ、貢献が出来ることを確実にする。相互作用の個人化により、常にクラスや児童のグループに一般的に話しかけるよりも、児童は関連がある適切なサポートとフィードバックを受けるだけでなく、学習をコントロールする感覚も得る。個人化された相互作用について考えられる影響として図4-3で概要を述べる。

個人的な相互作用	インクルーシブを促した結果
個人的な達成を認識	児童に成功の動機を与え課題を続けさせる。 児童が全体の音楽経験において自らの貢献が重要であることを知る。 児童が賞賛や個人的な相互作用が音楽学習から生じることに気付く。
児童の進歩を認識する	児童に成功の動機を与え課題を続けさせる。 児童は目的や予想外の学習結果を通して進歩に気づく。学習や結果を説明することによって、進歩は全体論的なものになる。
学習の中で困難を認識する	児童が学習の際、サポートされていると感じる。 教師が必要な時間を使って活動を修正し、クラスの一部分として参加出来るように手助けすることを児童が知る。 教師の手助けによって困難に打ち勝つことが、モチベーションや取り組みを強くする進歩や達成の認識につながることを児童が気付く。

図4-3　個人化とインクルーシブ

活動 4-2　個人化の基礎となる過去の音楽経験を確認する

　あなたが指導しているクラスや特定の授業を選ぼう。クラスから幅広い音楽経験を持っている4人を選ぼう。

- ●図 4-2 を用いて他の教師と話し合いながら、子どもたちの過去の音楽経験について確認する。
- ●授業の中でどうすれば個人化された経験を与えるためにこの情報を使用できるか図 4-2 を用いて考える。
- ●どのように方策や学習全体の目的に応じたかを評価するために、授業後4人の児童に5つの質問を課す。

魅力ある音楽体験を与えることによりインクルーシブを促す

　興味を維持させながら児童を音楽学習に携わらせるには、インクルージョンを確実にして児童の行動を管理することがもっとも効果的な方法である。この音楽学習に到達する手掛かりは、常に豊かで意味のある音楽活動と経験を促進する環境を作ることである。授業の異なる部分で音楽を使用する創造的な方法を見つけ、話す時間を最小限にすることで、音楽はこの目的に到達することができる。これは児童が教室へ入るやいなや、既習の歌やオスティナートパターン、呼び掛けと応答の活動で音楽を演奏することにより、雰囲気を作り出すことも含まれる。音楽のモデリング（教師や児童による）を使用して課題や活動について説明する方が、何をするかを説明するよりも音楽経験が維持できる。言葉ではないコミュニケーション（ジェスチャーや身体表現）により、授業の流れを妨げることなく、音楽活動における児童の行動を加減することができる。

　活動を維持する他の手掛かりとなる要素は、授業に「光と影」を保証することである。授業のある部分は速いペースで多数の短い活動を通して意味のある進歩が可能となり、一方で児童が音楽経験に携わる空間を作りより深いレベルで学べるようにする。

活動 4-3　授業の至る所で音楽を使用する。

　以下の環境において音楽を使用する方法を考える。
- ●児童が空間の中に入る。
- ●出席を取る。
- ●楽器や体の調子を合わせたり、ウォーミングアップをしたりする。
- ●規律正しい方法で授業を解散する。

　音楽的な環境を作り出す重要性について確立したので、次は最適な音楽の学習経験を与える方法について考えることが必要である。

　Csikszentmihalyi（2002）は、人々が課題に完全に没頭している状態の時、もっとも良く学習しており、その時に「フロー」状態に到達していると述べる。彼はこのような「フロー」状態に到達する際の９つの要因について立証している。（図4-4を参照）

　子どもたちの音楽学習において、これらの要因に対して可能性のある結果について考えてみよう。まず最初に、児童が計画された活動を意味があり、本質的に価値があると分かるには、活動が音楽的であり、単に楽器や歌の技術が上達するだけのものであってはならない。これは作品の中で強弱やアーティキュレーション、印象を探究するのと同じくらい単純である。彼らは活動とその結果の関連性についても理解する必要がある。目的と進歩について理解することにより、辿ってきている学習行程について理解することができる。

　第２に、過去と未来の学習を関連させ、学校内外の過去と現在の音楽経験を関連させながら、児童が音楽的に発展していると感じる必要がある。もし児童が適切な音楽活動を行い、学校の外でも音楽に関わっていたなら、クラスの学習環境の中で人前を気にせずに活動ができるであろう。教師は児童に関する十分な知識と、過去、現在、未来の学習の関連を目立たせる能力が求められる。音楽活動は進歩と音楽経験に集中しながら、継続、発展、変化のモデルによって構成されている。（図4-5を参照）このモデルを使用することによって、学校の内外でクラスが既に知っている音楽作品から学習を始め、既に理解している音楽とつながりのあるスタイルやジャンルを選ぶことが出来る。

1．高いレベルであるが理解できて達成できるゴールを明確にする。
2．すべての児童の集中レベルを高くして、経験に焦点をあて深く従事させる機会を与える。
3．自意識の感情をなくす。
4．時間の感覚をゆがめる：児童の時間の経験を変える。
5．直接的かつ即座のフィードバックにより、児童のふるまいや行動を即座に調整する。
6．能力のレベルと挑戦のバランス（活動は簡単すぎても、難しすぎても良くない）
7．状況や活動を越えた個人的コントロールの感覚
8．活動は本質的に価値のあるものであり、ハイレベルの従事（参加）へ導く。
9．児童が活動に没頭する。

図4-4　Csikszentmihalyi による「フロー」状態に到達する9つの要因

継続
授業の出発点。
過去の音楽経験からインクルーシブな音楽経験を引き出し、全員が即座に従事できる。
↓
発展
新しい学習が過去の音楽経験との前後関係の中で紹介され、音楽的なつながりが明確になる。新しい学習はすべての学習者が従事出来て、異なるが相互に関係のある多くの活動を通して取り組まれる。
↓
変化（進歩）
児童は最初の音楽経験からの進歩を理解でき、
その関連が新しい音楽の出発点を導くことを理解する。

図4-5　発展と進歩

活動 4-4　音楽的な進歩と発展を示す。

　図 4-5 のテンプレートを用いて、発展と進歩を示す、器楽のクラス授業の詳細な計画を立てる。特にどのような授業なのかを示す。
- ●何人かの児童がもたらした学習によって音楽経験と学習を積み上げる。
- ●新しい学習、及びこの学習が過去の学習や経験とどのようにつながりがあるか伝える。
- ●児童にどのようにして音楽の進歩を認識させることができるか。

　第3に、選ぶ音楽はクラスに対して動機を与え、受け入れやすい経験を与えるべきである。児童が最高の学習に到達するには、挑戦と活動の機会が与えられ、(実力以上でもなく十分に活用されていないものでもない) 現在の技能を伸ばすべきであると、Csikszentmihalyi は述べている。(Nakamura and Csikszentmihalyi 2002) インクルーシブな環境を作り出す際、子どもたちの音楽経験を伸ばし、学習目的に合う音楽に頼る一方で、同時にすべての児童に達成の機会を与える。児童がハイレベルの活動が達成できるように、高いクオリティーで技術的に扱いやすい音楽を選ぶことは重要である。

ケーススタディー：ヴァイオリンのクラス授業

　ヴァイオリンの授業の1週目で、子どもたちは「ホーダウン (アメリカのスクエアダンス)」の音楽スタイルを聴く、作曲する、演奏して探究するプロジェクトの一部として、A 線と D 線を探究している。この授業の最初の活動は、ドローンの概念を紹介し、児童が作り出している音質と、ダンスとしてのホーダウンの性質をつなげる。ある児童は両方の弦を同時に演奏する実験をしており、ダンスのような感じを作り出すため強弱を付けて試みている。教師は A と D を使ったオスティナートの曲を紹介し、クラスを2つに分けて1つずつの音にリズムを付けて演奏させる。この活動が落ち着くと、教師がメロディーを演奏し、クラスを2つのグループに分け、1つのグループは1つの音を演奏してリズムを保ち、もう1つのグループは両方の音を一緒に長く演奏する。この活

動を行っている間、教師は強弱を加え、音質にも注意を向けさせ続ける。各グループに所属している児童は教師によって交替させられるが、児童の多くは教師を見て出来そうだと感じたら強弱を付けようとしている。授業が終わるまでには、すべての児童が異なるボーイングやアーティキュレーションを実験するだけでなく、ドローンの概念も探究した。クラスとして異なる要素を伴って彼らは作品を演奏する体系を組織した。

活動 4-5　効果的な音楽の刺激を選ぶ

　あなたが指導の際に使用した音楽作品、または使おうと計画している作品は、どのようにすれば以下のようになるか考えよう。

　　●児童に文化的、発展的な関連性をもたせる。
　　●すべての児童に豊かな音楽経験を与える。
　　●音楽的理解の発展をサポートする。

学習環境を管理することを通してインクルーシブを促進する

　各々の指導環境は異なり、各々のクラスやクラスの中の個人は異なった方法で環境に対応している。環境がどのように児童の学習経験に影響を与えるかを予見し管理することは、児童がさらに音楽学習に従事することにつながる。学習環境によって、私たちは場所だけでなく、児童が利用できるリソースや空間の管理方法を理解する。音楽学習を効果的なものにするために適切な空間について話し合うことが重要である。このことは校長に対して、なぜ特別な空間が適切であるかだけでなく、特別な活動のために特別な空間が必要であると述べることを含む。

　児童の特別な環境とそれらに対する反応のつながりはとても強い。（例えば、学校のホールでの集会に参加する時は、静かに入りまっすぐな列で床に座る。）音楽の授業は学校の中では類のない瞬間であり、ゆえに自己のつながりが求められ、児童は相互作用の中で違いを認識する。主要な質問は、学習に従事している児童に語りかけ、他の日には異なる方法で児童が互いに話し合う。音楽的に出迎える方策と最初のルーティンは、この観

点からとりわけ重要で、児童が特別な場所にいて、過去の学習から授業を
すぐに区別する連想を防ぐことができる。同じく、空間、児童、リソース
の配置は時間が異なっても視覚的に思い出せるものを提供する。

ケーススタディー：学校のホールで指導する
　クラスのフルートグループは、学校のホールで授業を行っており、
PE セッション（入るとすぐに空間をジョギングする）と集会（列になっ
て静かに入る）を行う。クラス担任と音楽教師は、クラスが既に知って
いる Calypso の歌を用いて、いかに音楽的環境を確立するかについて話
し合う。この歌は、皆が順番に「hello」と歌う間がある。教師たちは
最初の数週間はこの歌を使って、児童の名前ではなくフルートで短いフ
レーズで応答させることにより、各児童への挨拶とした。数週間後、児
童は挨拶のための自らの応答を作曲した。この方法は音楽的に活動を示
し、皆がすぐに音楽活動に従事し、児童の音楽的能力を伸ばし発展させ
る空間となり、個人化された音楽的な出迎えをもたらした。

　空間に関して、予想と異なり最も視覚的に注意することは、配置と児童
が立ったり座ったりする場所である。馬蹄形や円は管理の観点から多くの
利益があるが、最も重要なことは配置が高い質や真の音楽経験を促進する
ことである。例えば、歌やドラムの活動では円がより適しており、一方で
オーケストラの配置は弦楽器群が負けまいと張り合っている。ガムランや
スチールパンは空間的な構成が求められるが、これは由来する文化的、演
奏の伝統を反映している。
　成功する環境の計画は、起こりうる学習の障壁を予見することである。
しかし、予期せぬ指導空間の変化や、児童の気を散らす反応といった予見
することが難しい問題が起こる実例がある。このような気を散らす反応が
起こった時、教師は（当該児童を移動させて）児童を音楽学習から引き離
すことなく、気を散らすことを最小限にして取り除く行動が求められる。

ケーススタディー：音楽活動の再構築

　３人の子どもたちが廊下に出て気が散っている。クラスはリズミカルな呼び掛けと応答に取り組んでおり、教師は２小節のリズムを即興するように児童に指示している。教師は３人の子どもたちに呼び掛けと応答の活動を行うように言っているが、児童の注意を引くまでには至っていない。教師は呼び掛けと応答の活動が行われているところではなく、リズムパターンの手拍子をしている児童のグループのところに移動させることにした。教師は３人の児童を後ろで支えるグループの中に入れた。これはクラス全体の音楽活動を邪魔することなく、音楽的な役割を維持し、クラスの配置で異なる場所にして、児童を再び活動させた望ましい結果である。同時に教師はより多くの子どもが気が散ってしまわぬよう、言葉で強調はしなかった。当該児童を再び活動に戻して、教師は役割を変えて、全員が呼び掛けと応答の活動に参加した。

　チェックリスト（図4-6）ではインクルーシブな学習環境を計画する際の質問事項について強調している。

空間の構成について以下の点を考慮していますか？
・音楽の相互作用、及びあなた自身とすべての児童とのアイコンタクト
・クラスの音楽経験を維持しながら、すべての児童へ物理的にアクセスできるか？
・児童個人か児童のグループを援助できるか？
・音楽活動は維持できているか？窓側や廊下側は気が散るのを最小限にするために歩くスペースはあるか？
・空間は動きやすいか？家具や設備は動かせるか？
・すぐに音楽活動ができるか？空間は組み立てられ、授業の最初の短い時間で使用できる準備が出来ているか？

児童が以下の方法で立ったり座ったりできますか？
・どの子どももクラス全体の音楽経験の統合された一部分であると感じているか？

・大勢の児童を動かさずに、個人、小グループ、クラス全体の相互作用へとなめらかに移り変われるか？
・追加のサポートが必要な個人、もしくはグループはすぐ支援が受けられるところにいるか？
・全員楽器や声を使っているか？全員に十分な場所はあるか？
・すべての児童が指図（話す、歌う、演奏する、視覚的）に反応できるか？

リソースは以下のように組織され準備されていますか？
・すぐに音楽活動ができるか？リソースはすべて授業の最初から使用できる準備が出来ているか？
・気が散る、対応する、片づける行為のために明確なルーティンはあるか？
・すべての児童が授業でリソースにアクセスすることが出来るか？リソースを適応させる必要のある児童はいるか？

図4-6　インクルーシブな学習環境を確立させるためのチェックリスト

結論

　本章ではインクルーシブな音楽教室が多くの特徴によって特色づけられていることを立証した。まず最初に、教師は音楽的な理解や技能のレベルだけでなく、音楽的な興味や向上心、児童が学校の外から音楽の授業へ持ち込んでくる知識の点から児童を音楽家として理解することである。第2に、インクルーシブな教室は、WCIVTの授業内外の学習において、児童の活動や興味を維持する手段として、高い質の音楽経験と学習が促される音楽的な教室である。第3にインクルージョンは勝手に起こるものではなく、注意深く計画される必要がある。これらの3つの特性が起こった時、クラスの器楽授業は音楽的な必要性と子どもたちの向上心が出会う状態が保証される。

参考文献

Csikszentmihalyi, M. (2002) 'Foreword', in T. Sullivan and L. Willingham (eds) *Creativity and Music Education*. Toronto: Canadian Music Educators Association.

Nakamura, J. and Csikszentmihalyi, M. (2002) 'The concept of flow' in C. R. Snyder and S. Lopez (eds) *Handbook of Positive Psychology*. Oxford: Oxford University Press.

Philpott, C. and Spruce, G. (2007) *Learning to Teach Music in the Secondary School*. Abington: RoutledgeFalmer.

推薦書と資料

Kellett, M. (2005) 'Inclusion in music in the primary classroom', in M. Nind, J. Rix, K. Sheehy and K. Simmons (eds) *Curriculum and Pedagogy in Inclusive Education*. London: RoutledgeFalmer. This book includes inclusive teaching strategies, case studies about learners and discussion of issues surrounding musical inclusion.

Teachers TV (2008) *KS1/2 Music-Delivering Wider Opportunities*, www.teachers.tv. A video demonstrating the fundamental principles of inclusion through whole class music teaching. It includes examples of teaching strategies, different learning environments and collaboration between music specialists and class teachers.

The QCA website offers guidance and strategies surrounding the planning implementation of an inclusive learning environment for music lessons: http://curriculum.qcda.gov.uk/key-stage-1-and-2/inclusion/inclusioninsubjects/inclusionmusic/index.aspx.

第5章
音楽のスタイル、ジャンル、伝統
～グローバルな音楽的遺産の創造～

Katherine Zeserson

序
耳をすまして・・

　本章では、教師として私たちの耳を開き、児童の耳を開くことを助ける。そして異なる種類の音楽を探究し褒め称える方策を見出し、教師に広大で豊かであるグローバルな音楽の遺産を探究し結びつけるために自信を持って児童をサポート出来るようにする。

　多様な音楽の実践は、子どもたちに興味と能力のスペクトラムを超えて音楽学習（実際は他の種類の学習）への入り口の幅を広げる。そして強力にインクルーシブなクラスを形作っていく。教師は音楽活動の異なった方法を利用することができ、音楽的な学習を行い、他の音楽の内容に指導を適用することができる。様々な伝統やスタイルを探究することによって、私たちは人々が音楽と関わる様々な方法、及びこれらの異なる関係性が演奏、作曲、即興、鑑賞の方法にどう影響するのかについて研究する。そして教室の音楽の範囲を越えた活動は、音楽的に一人前として子どもの生活の基礎を作ることを意味する。

　多様な音楽を探究し称えることは、現代社会における多様な文化と、これらの文化を活気づける個人について考え肯定する唯一の方法である。

　本章の終わりまでに、私たちは以下のことについて考える。

- 教室の音楽活動は児童の文化的アイデンティティによってどのように影響され、影響を及ぼすのか。
- 音楽の社会的背景と音楽学習の関係性
- 異なった音楽の伝統が、学習者の技能や理解の幅をどのように発展させるのか。
- 教師は教室における音楽の幅広い多様性を利用する方法をいかに発展させ

ることができるのか。

音楽、文化、アイデンティティ

　音楽は私たちが何者であるかを反映する。人間が時代や場所を越えて生み出した驚くべき多様な音楽のジャンル、伝統、スタイルは、個人や集合体の文化的多様性を正確に映し出す。人間であることの豊かさを突き止め探究していく音楽に領域はない。音楽は社会的な組織や関係性の隠喩をもたらす。そして多様な音楽教室は多様な社会的空間となり、子どもたちは手で触れられる創造的な枠組みの中で相互作用の異なった方法を探究することができる。

　教室内の特別なスタイル、ジャンル、伝統の関連性について考える際、私たちはおそらく3つの中心となる観点、すなわちレパートリーの基盤、技術的な特徴、文化的な反響に焦点をあてる。「クラス全体の器楽及び声楽の教育」（WCIVT）では、教師は時折2番目の選択（技術的な特徴）をして満足するだろう。種々雑多な環境の中、幅広い技術能力を持った演奏家を含め供給することができる素材を見つけることが重要である。ポピュラー音楽や伝統的な音楽はWCIVTで使用するために選ばれる。なぜなら、この状況で容易に役に立つからである。本章では、私はポピュラー音楽と伝統的形式の関連性について集中するが、クラシック音楽に関係する考察も行うであろう。

　ポピュラー音楽と伝統的な音楽は重要である。教室内では文化的、音楽的、教育学的な理由からきわめて重要である。多くの子どもたちは彼らの教育の一部として、または自らの音楽的興味に基づいて、特定の音楽の伝統、スタイル、ジャンルに没頭した状態で学校に来る。彼らは必然的に音楽学習を学校に持ち込み、それらが音楽のカリキュラムに適応すれば、特別な音楽の理解や知覚は認識され、価値づけられ、積み上げられる。子どもたちの情熱や興味に頼りながら、クラスの音楽活動はより現実的になっていき、練習を学んだり従うのではなく、個人の意思による創造的な過程となる。

　活動5-1では児童の音楽的天性を発見し共有することはもちろん、彼らの音楽的情熱を探究し明確に表現する方法を見ていく。このことにより、

あなたは児童をより理解でき、教室の中で共有された音楽共同体の感覚を築くことができ、児童を異なる音楽の種類を発見させる活動に従事させ、おそらく地域共同体では予期しなかった音楽のリソースを発見できる。

活動 5-1　音楽地図

このプロジェクトの目的は、クラスの音楽地図を作ることである。この地図は壁面展示、もしくはコンピュータで作った資料である。音楽地図は各々の児童とその家族の情報、地域の共同体の情報を含む。活動の例は以下のようなものを含む。

児童

- 各家族にアンケート調査を行い、楽器が弾けるかどうか、どのような種類の音楽を聴いて楽しんでいるか、どのような種類の音楽を演奏して楽しんでいるかを見出す。
- インターネットを使って地域の音楽家を調べ地図に加える。
- 少人数の調査チームで、人々がインタビューで引用した音楽のオーディオサンプルを見つけ、発見したものを共有して視聴覚プレゼンテーションを編集する。

教師

- ヒップホップとレイヴ（大音量のダンスミュージックが流れるパーティー）の違いは何か？ロックとインディー・ロックの違いは何か？といったレッテルや記述を探究する話し合いを設ける。
- 児童に彼らが選んだスタイル、ジャンル、伝統について紹介するディベートを設定し、WCIVT の授業で探究するための状況を作る。
- 鑑賞の授業やワークショップにおいて、鑑定人シリーズを計画する。調査から分かった異なる種類の音楽をクラス全体－児童、教師、両親、他の共同体のメンバーと共有する。

音楽、教育学、喜び

　喜びは成功している音楽活動の中心にある。つまり、集団の目的の中にある喜び、音の経験そのものにある喜び、個人的な達成の感情の中にある喜びである。共同体の形成、祭典の手段としての音楽の中にも喜びはある。世界の民俗伝統芸能は創造的な共同体のツールとして、エキサイティングな方法で音楽を提供する。踊り、祭り、儀式、物語のための音楽で、教室においても喜びや楽しみの機会を作り出す。このことは教室での音楽活動の経験を現実のものにすることが出来る点で非常に意義がある。

　クラス全体の器楽及び声楽の教育の大きな強みの一つは、音楽活動の中核地帯ともいえるアンサンブルの練習に根ざしていることである。たいていの世界の民俗文化は共同社会の要素を含み、共同体のすべてのメンバーを含んで構成される。構造化された枠組みの中でオーケストラのようである。共同体のもっとも若いメンバーも占めており、（初心者のために）ベテランの演奏者が並んでいる。面白いことに、器楽学習の「徒弟制度」（第1章を参照）は伝統的な共同社会の形式の中に存在し、違いは楽器を集団で反復演奏することはもちろん、混合のアンサンブルの枠組みや混合のアンサンブルレパートリーを媒体として行われる、教師と学習者の対話にある。熟練者と並んで初心者を含める形は、アイルランドの民俗音楽から西アフリカのスチールバンドまで、多くの伝統音楽において見られ、小学校の教室でも人気がある。そしてアイルランドのコールタス（Comhaltas）であれ、ガーナのドラムの数百年にわたる伝統であれ、これらの伝統には確立された教育学的モデルが反映されている。（Chernoff 1980）

　ポピュラー音楽は込み入った挑戦的なレパートリーを通して、最小の音楽の複雑さから、最大の伝達的なインパクトを引き出す素材に広がる。ポピュラー音楽はその傘の下で想像を超える範囲の楽器、声、スタイル、形式、変形の範囲を供給する。そして、そこには十分な楽しみがある。ポピュラー音楽は楽器の初心者を歓迎することで有名である。（パンクは初心者から構成される。）過去10年、Musical Futures[1] の発展はもちろん音楽サービスでポピュラー音楽を指導する際は1対1か小グループによるアンサンブルが慣例として提供され、ポピュラー音楽で楽器を学ぶことは圧倒的に独学か仲間同士である。Musical Futures は、いくつかの学

校で KS3 の WCIVT を行う方法として効果的に使われている。（Musical Futures 2010）

　活動 5-2 において、児童に音楽的判断だけでなく社会的背景の中で判断させることを通して音楽の文化的側面を深める。

活動 5-2　瞬間の音楽

　目的は児童が記録された音楽を選び紹介することによって、音楽で活気づくようなイベントカレンダーを作ることである。この活動はクラスで行われ、1 年を通じてグループ、もしくは学校全体で行われる。

- ●クラス、年間のグループ、キーステージ、学校といった共同体のサイズを決める。もしクラスを越えるなら、他の教師やスタッフとともに活動をする約束をする。
- ●人々が共同体の生活の中で重要な瞬間に音楽とどのように向き合ったのかを児童が調査するための話し合いと調べ学習を計画する。
- ●選んだ期間（一学期や一年など）の中で瞬間を一致させ、音楽に印を付け何の音楽か、なぜその音楽が重要なのかについて意見を一致させる。
- ●プロジェクトチームを作り、各イベントに児童の小グループを割り当てる。
- ●クラスの活動プランを作り、年間を通してこれらの音楽的瞬間に対して準備し理解するためにすべきことについて計画する。
- ●各イベントを文書に記録して、クラスや学校のアーカイブを作る。

音楽の本質

　ポピュラー音楽やフォーク音楽は「簡単なもの」ではないということをはっきりさせることが重要である。すべての音楽は演奏者の技巧を含む。そしてすべてのジャンルと伝統は、大衆的と専門的な興味の範囲、難しいレパートリー、理解しやすいレパートリーを持っている。多くのポピュラー音楽とフォーク音楽の形式において、特に関係のある主要な背景は次のようである。

- ●音楽の構造は、演奏者の幅広い能力によって成立する。

●初めに、高いレベルの楽器の技能を習得する必要がなくても音楽の興味は
　わく。
●レパートリーは形式的にはモジュール式であり、多様な指導や学習に適応
　できる。
●循環するリフ（オスティナート）を用いて、異なる能力の演奏者を含める
　ことができる。
●演奏の規準を作っていく即興や変奏の余地があり、創造性や皆のアイデア
　を含めることができる。
●子どもや若い人が選んで聴けて、演奏したいと思う。
●多くの作曲上、構造上、重要なテクニックが用いられる。呼びかけと応答、
　テーマと変奏、独奏と伴奏、ポリフォニー、オスティナート、即興は、声
　楽的にも器楽的にも探究できる。

活動5-3　分析と適応（専門的な成長と計画）

　この活動はあなたが授業でどのようなスタイル、ジャンル、伝統を利
用したいのか、またそれはなぜかという考えを明らかにすることを目的
としている。あなたは特別な環境、児童の年齢と学年、あなた自身の知
識や経験の背景に活動を合わせる必要があるだろう。この活動のゴール
はWCIVTの中で特別なジャンルや伝統に取り組み、児童とともに設定
した学習のゴールに対して妥当性があるかを評価することである。以
下のポイントを通して活動すれば、活動計画を立てるのに役立つであろ
う。
　次の学期や年を超えて、児童とともに行っている2つ3つの主要な音
楽学習の成り行きを確認する。例えば、拍子記号が分かる中で聴覚の鋭
敏さは向上しているか、即興の技術は伸びているかなどである。

1．あなたが好きでもっと知りたいと思う音楽のジャンルや伝統を2つ3
　　つ確認しよう。例えば、ブルガリアの声楽音楽やガムラン、ヒップ
　　ホップなど。
2．これらの音楽を聴いて、授業であなたが生徒に望む学習成果を心に抱
　　く。
3．1つまたはそれ以上の関係する成果を出すことができそうなジャン
　　ルを1つ選ぶ。例えば、ブルガリアの声楽音楽は拍子記号を理解し、
　　聴覚の鋭敏さを養う手助けになる。
4．インターネットを用いて、使える素材を確認し、あなたのWCIVTに

適応させる。もし関係のある技能を持った地域の音楽家や教師を見つけられたら、あなたのプログラムを実施することを手伝ってもらおう。

5. 活動計画を立案し結果を評価しよう。そのジャンルに触れることにより、そのレパートリーや技術に関連した子どもたちの進歩を正確に示そう。

6. 児童にインタビューをして、どのように感じたか、プロジェクトの結果を受けて次はどのように発展させていきたいかを確かめよう。

音楽を作り出す・・・

私たちはたとえ専門家でなくても、教室内でジャンルや伝統の幅を活気づけ探究することができる。これは以下の手順を通して到達できる。

第一に、核となる学習目的を明らかにして、学習者と話し合う。子どもたちには伝統的な曲、歌、リズムが本物の演奏であるかどうかを知らせる。ある演奏や作曲上の技術を新しい音楽を作る際に適応させることを学び、特別なジャンルに関係する伝統的な楽器を用いて、組み合わせながら演奏する。

第二に、もし特別な伝統を探究することが目的であれば、その素材を知ることが重要である。もし選んだ伝統が専門家の範囲であった場合、私たちは学校に演奏者を招いて、教室で共に活動をしながら専門的な情報やインスピレーションをもらう。しかし、もしそれができなければ、導入の授業を研究し準備する必要がある。今は多様なポピュラー音楽、伝統的なジャンルや伝統の紹介に役立つ良いリソースがある。世界の民族音楽は伝統的に耳から学ぶが、西洋音楽の演奏は正確か不正確かであり、人よりも楽譜から学ぶことの方が重要である。本物の演奏の DVD や録音を子どもと一緒に視聴して話し合うことは有益な方法である。しかし、もっとも良いのは、子供たちに生の演奏を聴かせることである。

第三に、共同体の中で情熱と興味を持って活動し、仲間のリーダーシップや子どもたちの知識や理解を利用して計画を立てる。例えば地域生活に音楽を適応させることにより、ギター、ティン・ホイッスル、打楽器、フィドルを使った様々な楽器が混ざった民族的なアンサンブルが出来て、曲やダンスを学ぶと、学期末には地域のバンドも加わって歌や踊りの集い

を開くことができる。（活動 5-2 を参照）

　第四に、インクルージョンの機会を考えることにより、選択したジャンルや伝統を通して音楽的な学習を促進する。呼びかけと応答、オスティナートやドローンの使用、循環形式、即興、楽譜を用いない、異なる又は限られた音階形式は、教室で異なるレベルの子どもたちを含めることができる。例えば、ブラジルのサンバを選ぶと、身体的な一致が求められる。またガムランの音高を制限すると、初心者にとって即興がしやすくなる。（活動 5-3 を参照）

　音楽を創造的に融合させることは、感動的で有益な創造的過程であり、音楽的な革命を起こす。もし検討不足であれば、音楽的にうんざりとなり、不完全で音楽の特性がぼんやりしたものになる。もしくは音楽の植民地主義になり、異国の音や民芸品の楽器のような上辺だけのコレクションとなる。同様に音楽文化を過度に貴重なものとして扱うと固定化を招く。もし非常に長い儀式や高度で特別な訓練なしには、音楽に参加できず楽しめないというならば、興味を持って楽しい冒険として音楽文化を教室で探究することができない。そして、それは本当に音楽文化の死の危機となる。音楽的な言語は、言葉と同様に新たに成長するために、新しい言葉、フレーズ、文法構造の融合が必要である。音楽的な特徴を捉え、伝統からのアプローチを指導し、他のものに適応させることは、音楽の学習や創造性を豊かにする驚くべき方法である。

活動 5-4　相互の関連

　あなたが WCIVT の中で活動をしていて心地よい音楽様式、ジャンル、伝統を選ぼう。さらに、

- ●核となる音楽的な要素を確認する。例えばもしスコットランドの民族音楽を選んだならば、ジグとリールの形式を確認する。もしくは特別な様式、技術、装飾を確認する。
- ●異なる様式、ジャンル、伝統を選び、共通するものや異なる特徴を探す。例えば、もしスコットランドの民族音楽を選んだのなら、バロック音楽を取り上げて、形式や様式、装飾の技術について探す。
- ●いくつかのレパートリー、もしくはそれから引き出すことのできる教育的な技術を確認する。例えば、もしスコットランドのジグを教

えるなら、異なる形式を持つバロックの舞曲を一緒に教える。
●生徒と共に異なる素材の異なる背景を共有し、同じ点と異なる点を話し合う。
●考え計画したことを立証し、結果を評価する。できるだけ、この変化形を繰り返す。

・・・共に

　このようにして、音楽の授業を、異なる分野、スタイルが称賛され、理解され、尊敬される場に、そして特別な風習や伝統を学ぶことによって新しい音楽を作り出す場にすることができる。そして最終的には音楽を通して私たちは文化―食べ物、ダンス、話、歴史、地理、政治、社会の慣習、信念、価値を探究することができ、他の人々や他の生活様式を理解し尊重することを学ぶ。

　21世紀の文化的背景が益々グローバル化される中で、音楽は変化や不明確なものに対して反応する際、文化的アイデンティティを構成し強化する主な手段となる。個人レベルで大人が子どもの音楽的選択に対して拒絶したり肯定したりすることは、子どもの大人に対する関係性や音楽活動に対する子どものアプローチを異なるものにする。幅広い音楽分野を共に前進し、音楽的発見を共有することにより、すべての子どもたちに責任を持つことを確実にする。子どもたちは明日の音楽家、全人的な演奏家、教育者、そして音楽の普遍的な人間のつながりに対する熱心な唱道者となるだろう。

注

[1]　The Musical Futures Project は Paul Hamlyn 基金によって設立された。www.musicalfutures.org を参照のこと。KS3 での音楽に対して異なるアプローチを探求している。

参考文献

Chernoff, J. (1980) *African Rhythm and African Sensibility*. Chicago: Chicago University Press.

資料

English Folk Dance and Song Society: http://folkshop.efdss.org
Irish traditional music resources: http://comhaltas.ie
Musical Futures: http://www.musicalfutures.org

第6章
特別な教育的ニーズを持つ人たちを含めること
～クラス全体の器楽及び声楽の教育～

Sally Zimmermann

序

　私たちは皆異なっているが、平等な機会を求める。対処することが出来ない、あるいは関わることが出来ないと認定される子どもたちが存在し、彼らのために計画されるカリキュラムはますます複雑な構造になってしまうのは皮肉なことである。40年前はこのことは問題ではなく、40年間おそらく異なるということは謎でもなかった。現在の尺度では「個人化」を中心として不平等を減らすように計画する。しかし、私たちは社会的な生き物であり、異なることよりも、同じ人間であることが重要であるという共通認識を持っている。音楽活動を共にすることは、この共有や共同体を強烈に楽しく例証することが出来る。この挑戦は、とりわけ「クラス全体の器楽及び声楽の教育」（WCIVT）では個人のニーズ（特別な教育的ニーズを持つ子どもを含む）にこたえることであり、「音楽活動を共にすること」を豊かで意味のある音楽経験にする本質を失わないようにする。

　本章では、特別な教育的ニーズを持つ子どもたちが音楽のカリキュラムに参加する際、潜在的な障壁があることと、すべての子どもたちに通用するように計画された音楽の機会について焦点化する。

　この章の終わりまでに以下のことについて考える。

●特別な教育的ニーズとは何を意味するのか
●特別な教育的ニーズは音楽の指導と学習に対する共通アプローチに、いかにして近づくことが出来るのか
●音楽の指導と学習に対する特別なアプローチを通して特別な教育的ニーズについて述べる。

特別な教育的ニーズの定義

現在、特別な教育的ニーズを持つと確認されている子どもたちは、以下の点で困難があると分類されている。

●コミュニケーションと相互作用
●認識と学習
●行動、感情的、社会的発達
●感覚的（及び／又は）身体的障害

（DfES 2001 : 85）

以下の表6-1では、これらの分野で困難を持つ子どもたちにおいて典型的に見られる特徴の概要を述べる。

表6-1　特別な教育的ニーズの特徴

コミュニケーションと相互作用	認識と学習	行動、感情的、社会的発達	感覚的（及び／又は）身体的障害
・会話と言葉の遅れ、障害、混乱 ・特別な学習障害（失読症や統合運動障害） ・聴覚障害 ・自閉症スペクトラム ・中庸、厳しい、重大な学習障害 ・感覚的、又は身体的障害	・中庸、厳しい、重大な学習障害 ・特別な学習障害（失読症や統合運動障害） ・身体的、及び感覚的障害 ・自閉症スペクトラム	・ひきこもり、もしくは孤立 ・分裂と混乱 ・多動と集中力の欠如 ・社会スキルの未成熟 ・他の複雑な障害によって引き起こされる挑戦的行動	・重い、永久的な聴覚障害又は視覚障害 ・一時的な聴覚（及び／又は）視覚の低下 ・身体的、神経的、代謝の理由 ・感情的なストレスと身体疲労

しかし、個人的な特別の教育的ニーズはカテゴリーによって確認されたり述べられたりするのではなく、仲間の児童に関連して扱うことが重要である。（DfES 2001 : 6）指導と学習の観点から、「特別な教育的ニーズ special educational needs」（SEN）は固定の現象ではなく、仲間に関連し

て子どもの評価を行う。しかし、この相関は度々無視され、教師に知識や見通しの計画を立てるためにレッテルによって把握する。例えば1人の強迫性障害（OCD）の人に気づくと、すべての子どもがOCDになり、「自閉症」の子どものニーズに取り組むことを求められれば、「Rain Man」（アメリカの映画。サヴァン症候群を扱っている）の風潮になる。例えば子どもが失読症であることを知ることは、なぜ彼女がホワイトボードの指示に従わなかったのかという説明にはなるが、彼女が課題を仕上げる助けにはならない。助けることは、彼女が仲間との関係で困難を経験し、その困難を述べる場において神経質になっていることを教師が知ることである。レッテルを貼ることは比較的重要ではなく、助けにもならない。各々のカテゴリーの中で、各々の児童が個人的に必要とするものがあり、1人の児童をサポートする方法は、同じ「レッテル」を持った他の児童に対しては助けにならないことを覚えておくことが重要である。私たちは児童の困難について耳に入れるが、それは目立って必要なものだけであることが重要である。言いかえれば、私たちは個人を指導するのでありレッテルを指導するのではない。私たちの関心事は音楽活動であり、たいていの児童のための指導と学習の方法に対応できない子どものために、変えたり、付け加えたり、修正したりする必要がある。しかし、変更する際も、すべての子どもたちに豊かで意味のある音楽経験と学習を与え続けなければならない。

　SENに対して異なる方法を探究し、クラス全体の器楽及び声楽の教育で生じる日々の授業の問題に対する実践的な提案を見つけるとき、私たちは以下の2つの重要な原理をしっかりと持つ必要がある。

1. すべての子どもたちが個人であり、特別な教育的ニーズを持つ子どもたちに対して個人を見失ってはならない。
2. SENの子どもたちには、「音楽活動を共にする」ことを通して、豊かで多様な音楽教育を与えることに妥協してはならない。

活動6-1　SENの子どもたちを担当した経験がある教師を観察する

　クラスの器楽授業、または一般的なカリキュラムにおける音楽の授業において、特別な教育的ニーズを持つ子どもたちを扱った経験のある音楽教師やリーダーを観察してチームティーチングを行う。前もって児童が必要とすることの性質について彼らと話し合う。上記の2つの原理を反映した指導の範囲について考え、あなたのクラスでSENの子どもを指導して、アプローチにどのような変化があったかを考える。

指導と学習の共通のアプローチを通してSENを扱う

　特別な教育的ニーズが個別に明らかになれば特別な方法が必要になるが、それは教師が一般的に教室内で行っていることを少し変化させる必要がある。

子どもたちを知ることから始める

　もしもあなたがクラス担任であれば比較的簡単であるが、ゲストティーチャーだとSENが必要な子どものことや学習の障壁をクラス担任と話し合う必要があるだろう。私たちはSENをレッテルで定義付けないことを確立した。実際、児童を知ることは特別なニーズのカテゴリーで見分けることを越えて、個性や音楽の好き嫌いを知る方が上手くいく。音楽は他の子どもたちと同様、SENが必要な子どもたちの生活にも等しく重要なものであり、音楽経験の豊かさを教室にもたらすことを教師は認識、評価し基礎とする必要がある。

活動6-2　特別な教育的ニーズを持つ児童と話してみよう

　SENが必要な児童と音楽の興味や学校の内外で参加している音楽活動について話す機会を持とう。子どもたちが必要とすることを知った際、どのようにすれば会話から得た知識を使うことができるか考えよう。

主な媒体は音であることを保証する

　音楽は話すことよりも、児童がコミュニケーションや相互作用において必要であり、流暢さ、自信、仲間の称賛を得る媒体となる。SEN が必要となる児童にとって、音楽は教師に入口を与え個人的に共鳴することができる。クラスでの音楽活動に没頭する中で、個人的な貢献は小さいかもしれないが、全体の効果は魔法のようであり、学校生活への畏敬や奇跡的な効果となり、すべての子どもたち、とりわけ感情や行動の困難を持つ子どもたちの生活を豊かにする。

　音楽のテクノロジーや ICT（Information and Communication Technology）は、すべての児童を音楽活動に直接携われるように、教師をサポートする。楽器は器用さや、指、手のコントロールといった身体的コントロールを求める。脳性まひのような身体的制限を持つ生徒は、楽器の型にはまった運動技能を発達させることが出来ないかもしれない。特に、Midicreator、Optimusic、Soundbeam（www.midicreator.com, www.optimusic.com, www.soundbeam.co.uk）といった超音速光システムは、音を作り出す際の柔軟性をもたらし、足や体のジェスチャー、椅子の背への体重移動といった直接的なものから、車いすの移動といった間接的なものの動きを必要とする。光が求めるように音楽的に演奏するだけでなく、個人の必要なことや能力に合わせることもできる。

ケーススタディー：クラスでのクラリネットとサクソフォンのレッスン

　車いすを使用している2人の脳性まひの児童（身体的コントロールが制限されている）の貢献について記述する。

　それは真の音楽であり、特異な「教室の音楽」の要素ではない。ブルースの裏打ちの強打があり、1つのチームがメロディーを演奏する準備をして、もう1つのグループは挿入句を演奏する準備をした。そして私たち（2人の児童のこと）の順番だ。私たち（2人の児童のこと）はいつ動くか知っており、ホワイトボードのディスプレイを使って数える練習をするが、もうすでに自分で音に合わせて

動くことができる。クラリネットのメロディーに合わせた動きと、サクソフォンの挿入句に合わせた動きは Soundbeam によって私たちのジェスチャーを音にする。私たちは完全に動くこともコントロールされた動きを続けることもできないが、車いすを使って音楽を演奏する方法がある。そしてブルースが詩的な動きになったとき、車いすを回転させる。

活動 6-3　特別な教育的ニーズを持つ子どもたちを支えるための ICT の使用

授業の中で子どもたちが直接的、創造的に音楽に携われることに焦点を置いた（現在あるものや、かつて使用したもの）ICT リソースを統合する方法を探究しよう。次の事項について注意深く考えよう。

- ●あなたが取り扱おうとする音楽の取り組みに対する必要なことや障壁について
- ●これらの障壁に打ち勝つ手段を提供するソフトウェアについて
- ●一度そのリソースを使ってみて、SEN の児童とその効果について検証する。そして、他の教師とオンライン会議、チャットルームでその経験を共有する。

子どもたちの特別な教育的ニーズに応じて注意深く計画する

　計画には子どもが学習の際に必要なこと（本章で述べている）と、子どもたちがクラスの器楽授業で発表できるような行動的、組織的挑戦が必要である。教師はこれらの問題に気付いて、授業の中でどのように扱うかを計画し、良いクラス経営の技術を代表する方策を覚えておく。

- ●学校の期待と一致する明確な運営規約を持つ。首尾一貫して、確実に行い不適切なふるまいは承認しない。
- ●明確な目的を持ち、高度に構造化された課題を持つ。
- ●児童が楽器を必要としたりグループ活動を行うときは、作業空間を最大限に使い、邪魔な物を取り除く。

●キーボード、アダプター、ヘッドホンを児童がセットする際の手順を決める。
●音のレベルを調節するだけでなく、個人ではなくグループやクラスでの楽しい方法を確立する。

　音楽教師は単独では活動できないということを覚えておく必要がある。主な学校は SEN コーディネーター（SENCO）がいて、サポートや手伝いを行う。SEN を持つ子どもたちは、専門の学習サポートアシスタント（LSA）に支えられ、どのように LSA と協力し、彼らの技術や知識を使って最大の効果を得るかを注意深く考える必要がある。（SEN を持たない）子どもたち自身もサポートの人材になり、小学校の最終学年では、多くの児童が熟達した仲間の学習指導補助になる。

> **活動 6-4　SEN を持つ子どもたちのために計画を改造する**
> 　あなたが指導しているクラスで、特別な教育的ニーズを持つ児童について考えてみよう。（担任や SENCO と話し合って）特別に必要なことを心にとめ、これらの必要性に対処し、行動的、組織的な挑戦を行うために全体の指導計画の中で変更する点について考えてみよう。そしてどのようにすれば他の教師や学習サポートアシスタントと協力できるか考えてみよう。

指導と学習に対する特別なアプローチを通して SEN を扱う

　SEN の多くの様相は、教師が各個人の必要性から引き出した方策を通して扱わなければならないが、SEN を持つ子どもたちは、音楽カリキュラムに入りやすいように、特別な解決を必要とする。

自閉症スペクトラムの子どもたち
　自閉症スペクトラムの児童は、授業の中で音楽とは関係ない組織的なものと、音楽的な要素が特別で普通ではない理由によって混乱してしまう。自閉症スペクトラムの子どもたちと活動する際、学習に影響を与える要因

の範囲を示す。普通ではないバルブオイルの匂いや、指導の場が慣れない乱雑なレイアウトであることにより、授業に対して気が進まなかったり拒絶したりする。マルチメディアによるプレゼンテーションは他の子どもたちには有効であるが、自閉症の子どもには目が回ってしまう。いつものウォームアップや授業のルーティンは自閉症の特性を持った子どもには適する。教師は普段は使っていないアプローチを適用する必要があるかもしれない。例えば、指図のリストがある空間に置かれている自閉症の子どもや、音楽の活動に参加せずクラスを歩き回っている子どもは、学習するために感覚的なインプットを制限するとよい。

> **ケーススタディー：クラスでの弦楽器の授業**
>
> 　ディビッドは自閉症の兆候がある。彼は授業の大半を楽器、とりわけ部屋の後ろにあるコントラバスの周りを歩いて過ごしている。彼は滅多に喋ったり参加したりはしない。彼は何も害を与えず目的もなしに、ヴァイオリンを抱えている。ある日、ピチカートの技術を取り入れた作曲の活動で、一定の拍でピチカートを演奏していたが、教師は時計のチクタクという音と関連させた作曲を行うアイデアを思い付いた。子どもたちはハイドンの交響曲「時計」第2楽章と、ラヴェルのオペラ「子どもと魔法」から "Ding, Ding, Ding, Ding" を聴く。両方とも時計の音が表されており、ピチカートが使用されている。教師が時計のことについて触れるや否や、ディビッドは興味を示し始めた。彼は音楽を熱心に聴き、ラヴェルでは一緒に歌った。教師はディビッドにどうしてこの音楽が好きなのかを尋ねた。そして彼が訪れることが好きであった祖父の家で、古い帆船の絵が飾られているところに大きな柱時計があることを発見した。祖父の家にいるとき、ディビッドは柱時計の前に座り前後に揺れる振り子をずっと見ていた。教師はディビッドにコントラバスのところへ行って、「時計のように」してごらんと促した。ディビッドは自信を持ってDとAの弦を弾き、一定の拍を維持した。このことがクラスの作曲の基礎となった。

視覚障害の子どもたち

　音楽は聴覚現象ではあるが、大きなグループで音楽活動を行うとき、視

覚的手段を用いてまとめていく。とりわけ西洋音楽に共通する点は、音で
はなく身振りでコントロールするリーダーがいる。結果、どの演奏にも準
備があり、聴きとれることがなくても追随する。このことは視覚障害を持
つ子どもにとって挑戦である。次に示すブラスのクラス授業の事例では、
どのようにすれば教師の活動が、SEN を持つ児童にも感じやすい方法で
伝えられ、音楽的な意思決定で重要な役割を与えられるかを示す。

ケーススタディー：クラス授業によるブラスのレッスン

　子どもたちは指揮者なしで演奏している。クラス担任は以下のように
提案した。「みんな演奏の準備をして静かにしよう。ジョアンナが聞こ
えるように息を吸うのでよく聞いて、最初の音を一緒に演奏しよう。」
ジョアンナは待ち続ける。リハーサルで初めて静かになった。彼女は聞
こえるように息をして、子どもたちは演奏を始めた。「最後の音はどう
すればよいか？」「フレディーを見ることにしよう。そして彼がベルを
回したとき、皆で一緒に終わろう。」フレディーはジョアンナのように
その権限を喜び、音楽の最後で長い時間バンドは演奏し続けた。クスク
ス笑い声が起きたが、クラスは一緒に終わった。フレディーは、いつも
は他者をコントロールすることはないが、あまりにも長く続いてしまっ
た場合は、クラスで最後の音を早く切るようになった。フレディーは全
盲である。

感情的、行動的な困難を抱える子どもたち

　他人を困らせることなく部屋を歩き回る、楽器を悪用しない、常に大人
の監督がなくてもグループ活動に参加する、作品を発表することに満足す
る、リハーサルを行い作品に磨きをかけることを理解するといったことは
SEN を持つ子どもたちには挑戦である。注意欠陥・多動性障害 Attention
Deficit Hyperactivity Disorder（ADHD）と呼ばれる感情的、行動的に困難
を抱えた人は不適切な行動をしがちで、行動障害による攻撃性やいじめに
ついて常に前もって考えなければならない。

ケーススタディー：ジャンベのクラス授業

　ジャンベのドラムサークルが準備され、クラスの子どもたちは座り、ドラムを演奏する準備をしていた。チャンディープは学習サポートアシスタントと一緒に教室の外にいた。準備ができたとき、彼は教室に入りドラムの前に座る。学習アシスタントはドラムの持ち手を握って一緒に座る。チャンディープは手を使ってドラムを他者と一緒に演奏することを理解し、聞いている。もし彼はできないと感じたら、立ち上がって学習アシスタントがドアまで彼を連れていく。大人からの指導も少なくセッションが過ぎていく。チャンディープはしばらくして加わり、最初はアンサンブルの中でうまく演奏していたが、次第に頭が混乱してきて、彼の演奏は攻撃的になり不適切なものとなった。リーダーは即興でゆっくり静かにした。チャンディープはその流れに合わせた。

コミュニケーションスキルに制限のある子どもたち

　深刻な学習障害を持つ子どもたちの言葉の理解や言語表現は、ざっと2歳から4歳までの発達レベルである。しかし、ある子どもはかなりの言語の遅れがあり、まったく話せないが喃語による発声がある。喃語はかなり音楽的である。音楽を創作する際、沈黙してもよいのでこの喃語を促すと、子どもたちは「これが自分だ。私は聞き取れる声を持っている」と気付かせることができる。他者にとってこの沈黙は楽器で応答を作るために使用される。音楽は言葉の意味がなくてもすべて表現の構造を持っている。

ケーススタディー：声楽のクラス授業

　2008年秋、Sing Up から HELLO で始まる歌の授業が始まる。最初は伴奏 CD に合わせているが、クラスは次第に熱気を帯びてくる。そしてクラスは（CD ではなく）独力となる。ミヒャエルは笑いながらリーダーに従って拍を刻みペースを保つ。話すことができないため、彼は真似して叩き、クラスの他の人たちより大きくなって叫ぶ。リーダーがバウロンを叩きながら彼のもとに歩み寄る。これは第2フレーズの「hello」をどのように言うか表している。ミヒャエルはドラムに手を伸ばし、近づけて聞き、フレーズを真似る。次の授業では呼びかけと応答を含む曲

であった。ミヒャエルは先導をとってドラムの呼びかけの部分を演奏し、クラスは様々な母音で応答を歌った。

結論

　音楽教育からのみ子どもたちは利益を得られるということを覚えていよう。教師とリーダーはすべての児童が音楽学習から得られる機会を活用できることを保証する必要がある。なぜ子どもが言語セラピーよりもむしろクラスの器楽の授業に参加させるべきであるか正当性を示すときである。このことにより、音楽が子どもの学習や発達に与える独自性を明確に示すことが出来、音楽が与える機会（おそらく唯一の機会）は、これらの子どもたちに自分自身を表現させ、音楽活動や経験を通して与えられる世界を理解出来る独特な方法である。

　最終的に、音楽そのものが救う。あなたが教えている子どもたちの一部は、常に SEN というレッテルで首を絞めつけられていると感じて、仲間は彼らを異質なものと感じている。これらの SEN の児童はこのレッテルの元で活動できる。（どう思われようとも自分は特別な支援が必要である）一方で、後ろに隠れてしり込みして、その多くの時間は苦労である。遠慮がちに、どうやって挑戦したいのか、何を学びたいのか、どうやって学びたいのかを聞いてみよう。そうすれば彼らは出来るようになる！彼らを含めること、彼らの学びを保証することは、私たちの目的や方法の挑戦である。週1回のセッションにカリキュラムとは異なる媒体の音楽を与えてみることは、これらの児童の救済になる。

参考文献

Department for Education and Skills (DfES) (2001) *Special Educational Needs: Code of Practice*. Nottingham: DfES

資料とサポート
書籍

Corke, M. (2002) *Approaches to Communication through Music*. London: David Fulton.
　　よく研究され、コミュニケーションに制限がある人に対する音楽の価値について情熱的に述べている。そして「集中的な相互作用」のアプローチを例示するため、短くて覚えやすい歌についても述べている。

Shephard, C. and Stormont, B. (2005) *Jabulani! Ideas for Making Music*. Gloucester: Hawthorn Press.
　　音楽の創作活動を手助けする本。楽譜を読んだり、歌詞カードに従う必要はない。Jabulani! は、自信を持って音楽を作ったり音楽活動へ導いたりするための手段を提供する。

Zimmermann, S.A. (1998) *Instrumental Music*. London: RNIB.
　　全盲や部分的に見える人のための器楽学習へのアプローチを説明した本。

組織

Drake Music Project（https://drakemusicproject.org）最新技術の音楽テクノロジーを使って、身体に障害がある人に対する作曲や演奏を開拓している。

Music and the Deaf（https://www.matd.org.uk）ナショナルカリキュラムのためのカリキュラム入門素材を執筆するだけでなく、聴覚障害者のための学校でのWider Opportunities を開拓している。

Music for Autism（https://www.musicforautism.org）資料や訓練を提供し、自閉症の人のために合った音楽教育について協議している。

Royal National Institute of Blind People, Music Advisory Service（https://www.rnib.org.uk/ music）重度の視覚障害を持つ人々に、音楽活動のあらゆる面についてサポートを行う。

Soundabout（https://www.soundabout.org.uk）複雑な支援を必要とする人々に反響板、光線テクノロジー、打楽器を用いてグループでのワークショップを行う。

Wheel Chair Dance（https://www.wheelchairdance.co.uk）は説明不要です！

第3部
統合

場面設定

Gary Spruce

　本書の第3部は、「統合」という観点について考える。この方法は、子どもたちが学校の中と外で出会う音楽的な経験の幅、音楽的に異なる観点の中で、統合的な方法で融合させ、その結果、出来るだけ豊かで意味のある音楽的な学習と発展を作り出す。統合は、子どもたちにいかにして異なる音楽が出会い互いに関連し合うか、いかに音楽の関連性や知識を発展させていくかを理解させるため、重要である。統合は彼らの音楽生活に調和をもたらす。例えば、学校の中でクラス（カリキュラム）の音楽授業に参加するのみならず、楽器を演奏したり声楽のレッスンを受けるかもしれない。これらの異なった音楽の出会いに、つながりと意味のある関連を作ることが重要である。子どもたちは学校外の音楽活動に参加するが、これらの経験と学校での音楽活動につながりが必要である。統合的な方法で行うことは、教師に対して子どもの音楽的発達に関する全体論的なアプローチを与え、子どもの音楽経験の全背景を観察し、どのように指導が全体にうまく適合するかを理解する機会を与える。

　しかし、もし真の統合が実現したら、教師は挑戦と向き合う必要があり、その挑戦のいくつかは、教師が任命されている範囲内の音楽的伝統の中に根付いている。音楽教師は社会的文化的背景の産物である。その背景とは彼らが成長してきた中にあり、教育され働いた中にある。これらの背景の中にある経験は、必然的に音楽と指導のアプローチの関係性でもたらされた（彼らが重要と考える）価値や信念を構成する重要な役割を担う。これらの価値や信念は、深い個人的な意見と考えによって支えられている。しかし他方で音楽と音楽の指導は自明で普遍的であるため（深く根付いているため）意識的に持つ価値よりも意識的な疑問が少ないという過程が潜在意識的にある。逆説的にこれらの価値は時折音楽の指導においてもっとも大きな影響力を発揮する。

　私は他でも論じたが（Spruce 2002）カリキュラム内にはポピュラー音楽、非西洋音楽、伝統音楽があるにもかかわらず、西洋音楽（クラシック音楽）の過程、構造、役割、価値は、多くの音楽に関わり音楽を教える教師の方法を支配している。他の文化や伝統の音楽は、いかに音楽に引き付けられ、音楽の役割を明らかにする他に代わるべき豊かで多様なモデルというよりは、音楽素材の異なった組織方法の例として単に知覚される。

　クラシック音楽の継続的な支配から生じる自明の仮定は、私たちが音楽を指導する際の音楽的価値と信念に影響しており、すべての音楽経験は創作（作曲）、演奏、鑑賞という3つの別々な分野で叙述することが出来、ゆえにこの3つの方法が音楽をもっとも教えやすい方法となる。この仮定は、音楽の創作と受容は役割のヒエラルキーによって支えられた直線的な過程であるという考えにより断定される。（頂点にいる）作曲家が音楽を作り、演奏家は受け身の聴衆に対して演奏する。聴衆はある目的のために特別にデザインされた場所、すなわちコンサートホールや一時的に一杯になる建物の中に形式的に座っている。このモデルはどのように音楽を教えるか、カリキュラムや試験を組織する方法に当てはまる。「鑑賞の授業」は、子どもたちは列になって座り、クラシックコンサートの聴衆のようにふるまう。（音楽に対して身体的な反応を伴わない方法は異質である。）グレード試験は専ら演奏に焦点があてられ、3つの別々な分野に関する詳述の試験もある。作曲は多くの理由により形式化されている。（ロマン主義時代には作曲家は天才とされており）特別な人だけが作曲家となりうるという信念があるため、教師は指導に自信を失い、評価も難しいものと理解されている。例えば、「子どもっぽい」絵画や作品は、彼ら（子ども）の条件で評価され褒められるが、子どもの音楽作品は大人のモデルと比較して評価される。音楽教育の主要な目的は、楽器の演奏を学び「偉大な」作品を演奏する「エリート」を選ぶ過程であり、「才能」のない人たちは、初期の聴衆として音楽を鑑賞するように教えられるものとされている。

　この音楽活動の分割は、別々な分野の「専門技術」に対する指導の発展に貢献してきた。クラス担任はすべての子どもたちに音楽経験の基礎的な資格を与える立場の人とみられている。一方、才能のある子どもたち（言いかえれば楽器を演奏する素質がある人）は演奏を専門とし、楽器の「技術的な操作」といった狭い音楽経験に焦点をあてる「巡回」教師による別

グループで指導される。

　音楽の「専門知識」に焦点化することは、多くの小学校の先生が音楽を教えるために必要な技能や理解を持っていないと感じ、訪問教師や音楽の協働者に教えてもらって終わっている。教師は音楽の指導と学習を他の教科で行われている学習と結びつけることが出来ない。音楽は学校の全体のカリキュラムから分離され（単純にボルトで固定されたものになっている）子どもたちは音楽の学習と学校で行われている他の学習とを結びつけることが出来ない。

　しかし、他の音楽スタイルや文化のぞんざいな探究は、音楽の役割や領域に関する厳格な記述が不自然なものであることを示す。Francesca Matthews はこのセクションの最初の章で指摘しているように、ジャズは演奏の前に作曲があり、両者は別々の活動であり、別々の専門技術が求められるという概念を拒絶する。作曲は即興演奏と聴衆から現れ、音楽の受け身の「受容者」であるどころか、音楽に対して積極的にコメントし、「オープンマイク」のセッションでは、作曲者や演奏者になる。中心となる音楽活動は完全に統合されている。

　Lucy Green（2002）は6歳前後の子どもたちが音楽の境界を越え、いかに協力的にバンド活動を行っているかについて述べている。そこでは創作、演奏、聴取が音楽を作り出す経験に深く関わる過程において統合されている。このような音楽の相互作用と音楽の役割を壊すことは、多くの人類の音楽経験を形作る音楽文化の鎧を越えて認められる。同じくらい重要なことは、これらの相互作用は大部分で音楽と音楽経験は分離するというよりは、時間と場所、社会的、文化的背景と本質的に結びついていることを示している。

　このような音楽との出会いの魅力は、とりわけ若い人たちにとっては音楽経験から引き離すのではなく（技術の学習や分析的な聴取によって押しやるのではなく）、むしろ彼らを引き入れ、音楽に完全に没頭させることである。再び Matthews が指摘するように（第7章）、非公式にバンドを結成する、単純に音楽を聴いたり歌ったりする、部屋でソフトウェアやウェブサイトを検索することを通して、文化的で意味のある理解と、彼らの音楽知識を得るために子どもたちは、音楽経験からの技能、経験、理解に頼りながら、音楽の境界を自由に越える。子どもたちのこのような音楽

生活の側面は（彼らにとって重要であるが）形式的に学び、西洋音楽を反映した価値やプロセスのみで評価する伝統をしみ込ませる教師、試験の委員会やカリキュラムの制作者によって、無視される。

「クラス全体の器楽及び声楽の教育」（WCIVT）は、異なる音楽の側面の人工的な境界線を取り除いた統合的な音楽経験に子どもたちが没頭出来る豊かな創造的空間を提供する。WCIVT はすべての教師が専門技術や知識を共有して協働的な活動を行う環境を提供し、そうすることによって、音楽学習を学校全体のカリキュラムに統合することが出来る。しかし、とりわけ WCIVT は子どもたちが音楽に従事して、学校の外で経験する音楽に対しても音楽的であると直観的に認識できる手段を提供する。

「クラス全体の器楽及び声楽の授業における音楽学習への統合的アプローチの採択」の中で、Matthews はいかにして統合的アプローチは、演奏者、作曲者、批判的で思慮深い聴衆として音楽経験の領域を越えて子どもの成長をサポートしていくことができるかという中核的な問題について見ている。その次の章の「クラス全体の声楽活動における統合的アプローチ」では、Vanessa Young が、声楽の成長がクラスの活動に取り入れられ、いかに子どもたちが声を創造的に用いることのサポートができるかについて考える。最後に Chris Harrison が「カリキュラムにおける音楽への統合的アプローチ」において、いかに音楽指導が（そして、とりわけクラス全体の器楽及び声楽の教育が）学校全体のカリキュラムとより広い学校生活に組み込まれるかについて探究する。

参考文献

Green, L. (2002) *How Popular Musicians Learn*. Aldershot: Ashgate.

Spruce, G. (2002) "Ways of thinking about music", in G. Spruce (ed.) *Teaching Music in Secondary Schools*. London: RoutledgeFalmer.

第7章
クラス全体の器楽及び声楽の授業における音楽学習への統合的アプローチの採択

Francesca Matthews

序

　本章では、教師が統合的アプローチを用いた音楽の指導と学習が、もっとも効果的であるという信念を見出す。統合的アプローチは次のように認識されている。

- ●子どもたちは学校の中と外で音楽を学び経験する。これらの異なった学習の背景と機会は、クラス授業での音楽学習計画に伝わるべきである。
- ●音楽の学習は、子どもが音楽に夢中になっているときに最も豊かになる。このような「夢中」は、以下のようなレッスンに子どもが参加しているときに最高潮に達する。
  - ・作曲、演奏、鑑賞、応答のすべての音楽的な側面が統合的な方法の中にある場合
  - ・音楽のスタイルと文化の幅を反映した多様な音楽の実践

　本章の終わりまでに、とりわけ「クラス全体の器楽及び声楽の教育」（WCIVT）において、以下のような質問を考察する。

- ●統合的アプローチとは何か？
- ●統合的な音楽学習とは何か？
- ●統合的アプローチはどのように計画するか？
- ●統合的アプローチが意味することとは何か？

統合的アプローチとは何か？

　音楽教育は伝統的に「統合的ではない」指導や学習のアプローチが取り

入れられていた。演奏、鑑賞、作曲の役割や課題は別々に教えられている。音楽学習の評価や試験は典型的にこのようなアプローチを反映しており、今日でさえ最近の「鑑賞」や「演奏」の課題は変わっていないと教師や子どもは語る。しかし、もっとも音楽的な伝統や文化とされている実技は通り一遍の試験であり、作曲、鑑賞、演奏の間の輪郭はぼんやりしている。どうして音楽教育はこの統合されていないアプローチを取り入れ、執着しているのだろうか？

　クラシック音楽の価値と課題は、「楽譜」と結びつけて教えられることが重要であるという影響がある。

　2つの音楽的な場面から考える。

場面1：オーケストラの場合

　コンサートは多目的コンサートホールで開かれている。プログラムはマーラーの交響曲である。オーケストラはステージで演奏し、聴衆は静かに座り、終わると拍手喝采する。熱狂的なコンサートの批評は、指揮者は「楽譜の核心を突いていた」と意味深長な言葉を述べる。

場面2：ジャズクラブ

　背景はジャムまたはオープンマイクナイトである。夕方、住宅のバンドから始まり、そのフロアは参加したい人のために開放されている。夜の間、演奏する人数に合わせて編成は頻繁に変化し、その後座って演奏を聴く。聴衆になる人、演奏する人と拍手する人は相互に作用し合い、彼らは楽しんでいる。演奏者は聴衆の反応を見ながら受け取ったソロセクションの長さを調節する。演奏は私的で、メロディーや和音のゼクエンツの基本的な音楽の枠組みが多様な方法で解釈され、感情的に演奏される。その結果、これらの演奏は演奏者の役割を果たすだけでなく、作曲者や即興者として演じられる。彼らの音楽的なスタート地点の実現は個人的な音楽の反応だけでなく、聴衆との相互作用によっても支配される。ピアニストは紙切れに書かれたいくつかのコードを持っているが、他の人は記号や楽譜は全くない。

　これら2つの音楽場面が、私たちに対して音楽的な役割と関係性について何を語りかけるのか、「音楽的意味」はいかにして、どこで作られるのかについて考えてみよう。オーケストラのコンサートの場合、音楽的意味は楽譜内で成文化された音素材の相互作用を通して専門的に作り出されると理解されている。音楽の意味を理解するために、聴衆と演奏者は楽譜の演奏に集中し注意散漫は許されない。その結果、演奏は日常社会と故意に切り離された空間（コンサートホール）で行われる。そして規格化されたドレスと楽器のレイアウトがある。Durant が「個性のない団体」と述べたことは、作品や指揮者の演出や解釈から気をそらさないためである。（Durant 1984：39）音素材に注意を引き付けるために障害となるもの、おしゃべり、咳、動き回ることはやめるように指示される。演奏者と聴衆の役割ははっきり区別され、物理的な分離が強調されている。コンサートのレビューは楽譜に帰属する音楽的意味を理解するものであり、聴衆にその意味を伝えることが演奏者の第一目的である。作曲家、演奏者、聴衆によって構成される明確なヒエラルキーがある。

　Durant は、オーケストラコンサート（ベートーヴェン以降）は音楽家のアンサンブルではなく、作曲家が音符によって行う「巨大な楽器か機械である。そして演奏者によって装飾されたものは、全体的な芸術家の意図がだんだんかき乱される。」と述べている（op.cit.：38）ジャズクラブで起こっていることと比較してみよう。ジャズのカバーやポピュラースタンダードを考えると、作曲者を脇へやって音楽家が演奏することはなく、楽譜の中で定められた意味はない。

　その結果、作曲者－演奏者－聴衆という厳格なヒエラルキーはなくなり、様々な音楽的役割は曖昧になった。人々は一晩で（1曲の中でさえ）、作曲者、演奏者、聴衆の異なった立場になる。そこには全体的な音楽経験への没頭と、居合わせた人々によって音楽的意味を作ることに関わり合いがある。そしてこの意味は、実際の音を演奏することと同じくらい社交の場の原動力に左右される。上記で述べたような音楽的ヒエラルキーの感覚はなく、音楽的な意味を作りだすことにすべての人が関わっている、そして音楽的意味は楽譜に帰属するのではなく、ぼんやりとした役割の中での、相互作用や交差にある。音楽的意味は個人的、集団的に作られ、楽譜

の中で客観化されるよりは生きた物である。

　不幸にして、西洋のクラシック音楽の価値や慣例が保たれているのは西洋のクラシック音楽の伝統校で教えられている方法が用いられているためで、楽譜は卓越したものであり、この思考方法（ジャズに見られる相互作用）から発せられる音楽的関係とは分離している。

　しかし、これは子どもたちが音楽について自然に考え従事する方法ではない。彼らは毎日の生活で、統合した方法で音楽に携わっている。演奏者としてラジオで歌を聴いて、解釈して歌う。批判的な聴衆として、X Factor のような人気テレビ番組のパフォーマーを見聞きして、評価する。作曲者や即興者として、練習室のピアノの前に座って何気なく弾いてみたり、コンピュータの音楽 ICT プログラムで試してみたりする。これらの経験は、時に音楽に対する感情的な反応として、毎日の生活の中で自然に統合している。多くの子どもたちにとって、分離した別個の活動として音楽を経験する唯一の機会は学校である。

　もし、子どもたちが音楽の学習は学校で行われるものであると理解していたら、教師は音楽の授業と毎日の生活の中での音楽とのギャップを埋める必要がある。教室で行われる音楽の指導と学習は、音楽の経験、学習、参加の背景を広げる中で、子どもたちにとって意味がある必要がある。学校の外での音楽経験を反映し、関連させる必要がある。これらの経験は統合された経験である。

活動 7-1　あなたの生活と児童の生活における音楽

1. あなたの毎日の生活における音楽経験について考えてみよう。（音楽経験は）どのような役割を担っていますか？あなたはどこでどのようにして音楽に携わっていますか？
2. 上記の質問に対する答えについて考えてみよう。児童の生活において音楽の役割はどのような類似性があるだろう？
3. 児童の学校と学校外での音楽経験の理解を探究するための質問事項を考案しよう。鑑賞、創作、演奏といった背景において、彼らは音楽経験をどのように見ているだろう。これらの区別ははっきりしていますか？あなたが指導している子どもたちと一緒に質問事項と答えにつ

いて話し合おう。
4. 児童のフィードバックとあなた自身の1番と2番の答えを比較しよう。あなたと子どもたちの音楽に携わることへの認識に対して、類似点と異なる点は何か？指導においてこれらをどのように利用しますか？

統合的な音楽学習とは何か？

　私たちは子どもが音楽学習に熱中しているときに最も豊かな音楽経験が起こることを主張する。音楽的概念の明白及び暗黙両方の理解を発展させるために、子どもたちは演奏者、作曲者、即興者、鑑賞者としての統合された方法を経験する必要があり、動き、ダンス、音楽について語ったり話し合ったりすることを通して、声楽的（話し声や歌声を使った）、器楽的な方法で、音楽に反応して理解を示す機会が与えられる必要がある。英国ナショナルカリキュラムプログラム研究（2007：180）では、児童は作曲と即興、演奏、鑑賞の経験が求められている。一つの分野のみ扱ったり、統合的な方法によって教えられる重要な必要条件を無視したりして、音楽に対して断片的にアプローチすることは簡単である。

　音楽経験を別々の分野に分けて指導を区分することは、必ず音楽学習を衰えさせる。（Mills 2005：75）しかし、統合的アプローチなら音楽的技能と理解を高めることができる。例えば、もっぱら技術の向上に焦点をあてた伝統的な楽器のレッスンは、作曲、鑑賞活動、児童の演奏技能を高める活動を通して子どもの音楽学習を発展させる機会を失う。さらに、統合的アプローチはクラス授業の際、要求、向上心、興味の最も広い幅に到達する機会が与えられる。

ケーススタディー：非白人居住地域の即興

　クラス授業におけるトランペットとクラリネットのレッスンで、南アフリカの非白人居住地域の作品「おもちゃの笛」を演奏している。この

> 作品は、いくつかの異なったメロディーやオスティナートの層で構成されており、（教師や他の児童が演奏したり歌ったりしたリズムやフレーズを子どもたちが繰り返す）模倣部分と、伴奏を伴った単純な即興部分がある。教師は単純な2音、4拍の模倣部分を演奏し、注意深く聴いて、自らの楽器で即興演奏して応答するように子どもたちに指示する。子どもたちの応答部分はかなり単純で短いけれど、児童はシンコペーションのリズム、典型的なスタイルに没頭し、無意識、あるいは意識的に教師から与えられたモデルを真似ている。

　この活動の中で、児童ははっきりと一つの目的に焦点を合わせている。それは（応答したり即興したりして）フレーズを発明していることである。しかし、同時に聴く活動（教師の音楽的な質問を聴く）、演奏する活動（応答を演奏する）、作曲活動（意識的、無意識的にメロディーやリズムの形、感情的な応答、強弱といった様式の気付きを考える）に携わっている。単独の技能を伸ばすというよりはむしろ、音楽家として振る舞うことによって音楽について学習する。それはかなり率直に音楽活動の原理を適用しており、実際授業を通した実践的な音楽活動は統合された音楽経験を与えることができる。

活動 7-2　統合的アプローチを演奏に取り入れる

　あなたの計画の中で、演奏を基本とした活動について考えてみよう。

1. 統合的アプローチを計画や指導に取り入れることによって、どのような追加の技能や音楽的理解が発達するか見極めよう。
2. いったん授業を行ったら、その授業を評価しよう。結果はどうでしたか？追加の技能や理解が発達した証拠を、子どもたちはどのように示していますか？

私たちはどのようにして統合的アプローチを計画するか？

作曲、演奏、鑑賞の統合

　計画の根本的な目的は、豊かで活気に満ちた統合的な音楽経験の環境の中で、子どもたちに音楽的知識、技能、理解を成長させることを保証することである。David Elliott は以下のように提案する。真の音楽学習は本物の音楽的環境の中でのみ行うことが可能となる。それは、当然生徒が音楽仲間、目標、生徒の考えを先導し支える環境に囲まれていることである。Elliott は次のように記している。「音楽は実際の音楽の創作、鑑賞、特別な文化的背景における音楽的結果の証拠となる意味や価値に関連して理解されるべきである。」（1995 : 260-267）

　この章の冒頭で、「ジャズクラブ」の例を示したように、真の音楽的な活動は統合的でない音楽活動よりも、より多く行われる。ゆえに、スタート地点は真の音楽的経験の背景の中で、音楽学習を計画することになる。

　例えば、期待される技術的な目標によって WCIVT のレッスンが計画される。すなわち、

　　　・子どもたちはファの♯を演奏することを学ぶ。
　　　・子どもたちはオスティナートを理解し、演奏できるようになる。

　真に統合的な音楽経験を与えるためには、これらの技術的な達成は、子どもたちが作曲家、演奏家、鑑賞者としての技能や理解を発展させる中で、真の音楽経験を計画した結果であるべきである。もしも、その計画が単に技術的な進歩に焦点があてられていたら、そのレッスンは音楽的なものの表面を擦ったのみであり、子どもの音楽経験は不毛なものになるだろう。

　次のケーススタディーでは、真の音楽経験の環境の中で、技能の発展を再び組み立てるものである。

ケーススタディー：音楽の内部に入る
　ヴァイオリンのクラス授業において、アフリカンアメリカンの仕事歌

における短調の感じや機能を理解することに焦点があてられている。教師は子どもたちが短調について識別出来て、その特徴を記述し、仕事歌が歌えるようになり、歌唱活動を通して短調の感じが表現できるようになることを望んでいる。教師は長調と短調の音楽を聴かせ、子どもたちに音楽の雰囲気の違いを記述するように言う。教師は仕事歌の起源や歴史について話し、**You Tube** から一つの事例を演奏する。子どもたちは、最初は教師が歌うのを聴き、それにならって表現的で悲しげな音を作って、歌を歌うことを学ぶ。そして子どもたちは張り合いながら歌を学ぶ。

　この学習をさらに進めるために、教師はこのアイデアを楽器へ移行することに決める。彼は単純なグループでの作曲活動を組み、子どもたちに対して、仕事歌に関係のある景色を描いている視覚芸術作品を答えるように言う。この活動の中で、教師はF♯の新しい音を教える。グループでの演奏を共有した後、教師は協働の活動を提案する。子どもたちは歌を歌い、レガートのパッセージとゆっくりのテンポで、悲しげな感情を強調する。そして、新しい音であるF♯を単音でオスティナートとして付け加え、4分の2拍子で行進曲風に表す。教師は歌唱活動の間にグループでの作曲活動を差し挟み、ロンド形式で新しい音を使用する。(子どもたちは歌を歌い、一つのグループが作曲を行い、また歌に戻って、また次に作曲をするといった具合である。)

　ここでは学習と音楽的経験が拡張され豊かになっている。単にF♯を孤立した概念として教える代わりに、子どもたちが既に知っている歌に簡単なオスティナートを付け加えることによって、これらの広範な目標は、子どもたちの音楽に対する本質や感情を理解させる活動を作り出すという視野を教師に与える。そして真の様式上の概念の中でその理解は発展する。これらの提案された活動は、技術的な知識と熟達が結果として発達する音楽的理解に焦点化されている。

活動 7-3　真の音楽的な経験を通して技能を高める

授業で焦点化したい2つの技能について見極め、上記の事例のような授業案を計画しよう。その際、豊かで真の音楽的経験を通して技能の発展が達成されることに気を付けよう。もし協同的に教えるのならば、各大人の役割と授業で何を行うかを明らかにすること。

学校内外の音楽をまとめる

統合の最後の観点は、私たちがこの章の冒頭で確認したように、学校の内外で行われている音楽経験と学習の統合である。子どもたちの真の音楽経験は学校の外で行われており、現実の社会環境に自然とはめ込まれているのは議論の余地がある。この項では、どのようにしたら教師がこのような経験を学校の中に引き入れて、子どもたちの全体的な音楽的成長を支えることができるのかについて探究していく。

ケーススタディー：声を統合させる

東ロンドンの小学校数校が一つのプロジェクトを一緒に行っている。そのプロジェクトとは、数百名の子どもたちによる合唱で、地域のある場所に集まって特別に委嘱された声楽作品を歌い音楽文化を促進しようというものである。これらの学校には特別な歌唱の型はないが、児童を参加させるために、児童の学外での音楽に対する興味や関わり方について調査を行う。調査の結果、Hip Hop や R & B（rhythm & blues）に強い興味を示し、多くの子どもたちが教会に行き、ゴスペルスタイルの歌唱に親しんでいた。この委嘱された作品は世俗的なオラトリオスタイルの作品であり、ゴスペルスタイルの音楽に基づき、R & B、ブルース、ジャズ、Hip Hop といった現代の影響も受けている。子どもたちは創造的な過程に夢中であった。すなわち、作曲者が各学校で作曲や簡単な即興の授業を通して題材の各部分を成長させ、子どもたちはワークショップを通じてその題材を歌ったり、演奏したりすることを学ぶ。

　この章の初めで、私たちは子どもがどのようにして統合された方法で自然に音楽に携わっているかについて論じた。そこでは、作曲、即興、演奏、聴くことが毎日の音楽活動、すなわちテレビやラジオから聞こえる歌、自ら歌って解釈するといったことを通して一体となる。彼らが音楽の授業の中で経験している音楽は真の意味を持つものであるが、非公式の学外の経験と関連させ、統合したり真似たりすることが必要である。

　左記のケーススタディーは、児童の学外での音楽経験を統合する際の効果の可能性について例示している。子どもたちは音楽様式に感情的、知的関連を持ち、その様式の作風を熟知している。その作風とは、土台となるハーモニー、即興の役割、ソロ、合唱のパート、3度と5度の響きである。そして音楽を様式として正確に解釈、演奏でき、音楽活動に没頭する。それは社会的背景と音楽様式を統合した真に様式的、文化的な音楽経験を与えるものであり、各ワークショップで演奏、鑑賞、作曲、即興活動を統合して子どもたちに作曲家、聴衆、演奏家になる機会を与えることで、統合の仕方を提示していく。

統合的アプローチが意味することとは何か？

　統合的な音楽指導はどのように見えるのだろうか？
　最初に、統合的な音楽の指導は完全な音楽家になるという本質を反映している。そこではすべての音楽経験、技能、訓練が本質的に統合され、個々の実践に分かれていない。統合的な音楽の指導は、児童の毎日の広い生活の中において意味を持ち、音楽的に真に魅力のある環境の中で音楽の理解を発展させることに焦点を合わせている指導である。そこでは音楽的経験と成果に焦点を合わせた授業から起こる技能が発展する。これは、多くの教師の見解によると、著しい変化を伴う。授業や計画が立ち戻ったとき、多くの人が現在の技能が向上していると気付くことが本当の目的である。そして、それは偶然の結果であれ、真の音楽的理解の発展を伴っている。もし、真の音楽経験が統合的な音楽経験に起因するなら、クラス全体の器楽及び声楽の授業は伝統的な技能の発展から、音楽的に考え、振る舞い行動する全体的なモデルへと変えて、児童が音楽家とはいかなるものか

に没頭し経験できるような音楽的な指導と学習を与える必要がある。

> ### 活動 7-4　統合を行動に移そう
>
> あなたが教えているクラス全体の器楽及び声楽の状況について確認しよう。次のことについて考えてみよう。
> 1. 次の2回ないし3回の授業の中で何を学ぶ必要がありますか？あなたの音楽的な目的と技術的な成果について確認しよう。
> 2. 児童の学校内外の音楽経験と共鳴した真の音楽経験の中で、この学習が統合的な方法でどのように確実になりますか？
> 3. 授業の効果をどのように評価して、その評価を次の指導にどのように生かしていきますか？

参考文献

Durant, A. (1984) *Conditions of Music*. London: Macmillan.

Elliott, D. (1995) *Music Matters: A New Philosophy of Music Education*. New York: Oxford University Press.

Mills, J. (2005) *Music in the School*. Oxford University Press.

Qualifications and Curriculum Authority (2007) *The National Curriculum for England*. London: QCA.

第8章
クラス全体の声楽活動における統合的アプローチ

Vanessa Young

序

　歌唱は参加者や聴衆に等しく、潜在的に最も力強い経験であるだけでなく、世界中で最も自然で普遍的な活動である。本章は、いかにすべての子どもたちを歌唱活動に参加させられるか、いかに学校生活の中に統合し組み込むことができるかという重要な問いについて考える。「歌唱」という言葉は、本章では声楽活動のすべての側面を含む。

　本章の終わりまでに、私たちはとりわけ「クラス全体の器楽及び声楽の教育」（WCIVT）の背景から、次の問題について考察する。

- クラス授業における声楽活動の価値
- 異なった形態の音楽活動と統合して、声楽活動を全体論的な経験にする
- 声楽活動をすべての児童に受け入れやすくする
- 学校全体のアプローチの重要性

クラス授業における声楽活動の価値

　声そのものの普遍性は、私たちが音楽の文化やジャンルを超えて音楽を理解し、音楽の意味を理解することのできる一手段である。そして鑑賞、演奏、作曲のパラメータを超えて音楽と全体的に関わることができる。普遍的な活動として、すべての子どもたちのために歌唱がある一方で、歌うことは生得的な才能であり、その能力は学ばれるものであることを私たちは認識する必要がある。このことは自明であるが、最近この音楽活動の様相は低迷状態にある。Ofsted（2009）による最近のレポートによれば、と

ても良い実践もいくつか認識されているが、歌唱に関する重要な問題も確
認されている。Key Stage2 は良い状態、フィードバックの欠如、進歩が
周期的に起こる。そして同時に「イギリスのタレントやポップアイドル」
といったテレビ番組のように、学校の外での歌唱に対する新たな興味（あ
る人は強迫観念ともいう）も見られ、民主的な力であるカラオケも社会
活動として歌うことを促進されており、これらのことは軽く見るべきで
はない。歌唱は音楽マニフェストの基本であり、Sing Up イニシアチブや
Wider Opportunities によって支えられているが、すべての児童のために学
校生活に歌唱が組み入れられるという期待は薄い。

　学校の中で教師によって計画され、形式的に構成され、「定められ
た」歌唱と、学校の外で自発的、有機的に歌われ、形式的活動ではなく
大人の監督を伴わない歌唱とは、分裂があると私たちは理解している。
（Hargreaves and Marshall 2003）「外部」の音楽と関係を持つ主な要因は、
若い人たちが学校の「内部」では行わない音楽に優位を示すという自主性
と統制にある。これは音楽教師としての教授法と密接な関係があるという
ことが重要なポイントである。

　ここで、とても幼い子どもと歌との関係性、及び発声には面白いことが
見られる。幼い子どもでさえ、歌を理解している。なぜなら、普段の生活
の中で、彼らは「歌の使用者」である。受容者ではなく再創造者であり、
とても幼い時期から歌の創造者（すなわち作曲者）でさえある。（Glover
2000）幼い子どもたちは簡単に自信を持って即興で歌う能力を示し、し
ばしば「おどけたふるまい」のように見える。これらの歌の発声は、子ど
もたちが周りの文化の行動パターンを取り入れること（子どもたちが生き
ている中で文化に適応し吸収した過程）によって、既に得た広範囲にわた
る知識を表す。その歌には、構造、規則、カデンツ、音階、言葉のリズ
ム、音楽的な動きとジェスチャーが含まれる。子どもたちは、歌が何であ
るか、歌がいかに進行するか、歌がいかに構成され、人々がどのように歌
と関わるのかを知っている。これは器楽の作曲とは著しく違っていて、非
常に異なった行程を辿る。例えば、作曲する前に子どもは楽器の音色の可
能性を探究する時間を必要とする。（Glover and Ward 1998）Young（2006）
が指摘するように、本当に残念なことは、教師の予想や理解の欠如のため
に、歌の能力や創造性の兆候が気付かれずにいることである。「この歌唱

活動の豊かな層は教育的な時間や空間を超え、運動場、廊下、スクールバス、休み時間、始業前や放課後の自由時間から絞り出される」（Young 2006 : 278）

活動8-1　クラスのソングブックを作ろう

　子どもたちにとって何か意味のある歌を見つけ持ち寄るようにクラスに指示してみよう。

- ・子ども自身の文化からの伝統的な歌
- ・家庭で歌われている子守唄や童謡
- ・課外クラブや週末活動からの歌

　もしあなたが英語を第2外国語としている子どもを教えているならば、その子どもの母国語の歌を持ってくるように勧めてみよう。

　これらの歌を集めて、子どもたちの歌を録音し、言葉を書き留め、「クラスのソングブック」を編集しよう。

　次の授業で何を学ばせたいか考え、学習をサポートするために、クラスのソングブックから歌を選ぼう。

- ・どのように歌を使用するか考えよう。構成を創作する必要はあるか？　伴奏するためにあなたはオスティナートを作ることはできるか？　ところどころ歌える歌か？
- ・歌を提供した児童をどのように活用できるか考えよう。その児童は言葉を教えることができるか？　児童はメロディーを教えることができるか？　児童はグループをリードすることができるか？

　子どもたちに「外部の歌」をクラスに持ち込むように勧めることは、その歌の存在を認めるだけでなく、「内部」と「外部」のギャップの橋渡しをする。これは教師にとって耳馴染みのあるものと聞きなれないもののつながりをもたらすと同時に、児童に自主性と統制の感覚を与え、レパートリーを広げる。子どもたちは大人に比べると1人で歌うことを抑制されることは少ないが、とりわけ歌うことが「普通の」活動であれば、子どもた

ちは一人、あるいは友達と「カラオケ」のように、あるいは教師の伴奏とともに、しきりに歌いたがる。ある子どもはクラスで歌を教えるために教師の地位を与えられる。児童自らの創造的活動を認め歓迎する一方で、教師の指導が児童の内にある才能を育て伸ばし、子どもが既に知っていることや馴染みのあるものを繰り返すのではなく、伸ばし刺激することを確実にすることが重要である。例えば他の歌やクラスが既に知っている歌の部分の関連付けを行ったり促したりする。教師は構造の特徴やリズムパターン、旋律のフレーズを指摘するかもしれない。そこから子どもたちが新しい歌を共有し作り上げるのは短期間で、慣例によって自分のものにして演奏するであろう。

異なった形態の音楽活動と統合して、声楽活動を全体論的な経験にする

　歌唱は歌を歌うことだけではなく、他の音楽活動から切り離されたものではない。歌唱自体に正当かつ価値のある目的があるのみならず、歌唱や声を利用することは他の音楽学習や理解に対して常になくてはならないものとして見られるべきである。

　子どもたちに声を使って創造的に活動させることは、自己表現やアイデンティティの探究を与えるだけでなく、音楽的なイマジネーションを通して、子どもたちに生じた内なる音楽的才能に近付き働かせる。サウンドスケープ、トーンクラスター、歌づくり、創作、図形楽譜の演奏といった創造的な音楽活動の試みを通して、声を楽器として用いる方法はたくさんある。

活動8-2　声のサウンドスケープを作ろう

　サウンドスケープは授業で即興や作曲の概念を紹介する際有益であり、クラス全体でも小グループでも活動できる。

　クラスを６，７人の児童のグループに分けよう。各々のグループに同じタイトル、例えば「海底」「宇宙空間」といったものを与えよう。グループの中で与えられたタイトルを示す声（音声）を見つける試みをさせる。例えば「宇宙空間」では、あるグループは無数の星が瞬く様子を表し、別のグループはブラックホールを表す音を見つけた。それぞれのグループで異なった音程、音色、ダイナミクス等を試みて、異なった音楽的アイデアが「お話」の異なる部分をどのように表すことができるかについて探究する。

　それぞれのグループでひとたび音を作り出すと、児童は異なる部分からクラスの作品を作ることによって「サウンドスケープ」を作ることができる。「演奏」を録音して、クラスで聴き返し、そのサウンドスケープがどのように、なぜ上手くいったのか確認する。

　いったんこの授業を行った後、声楽のアプローチを適用することによって得られる利益について評価する。また、声楽のアプローチに何か制限があるか考えよう。

　創造性や声を正式な作曲の立場から単純に見ないことが重要である。児童の創造性を発展させる他の方法として即興や歌の編曲、演奏（より正確に言えば再創造）がある。そして児童が反応、評価、分析、解釈、実現に携わっている状況を評価する。創造活動はほぼ作曲または即興ということではなく、創造的な指導と学習も含まれる。特定の音楽技能と理解の発展を導くために特定の音楽的な概念を指導する際、声はとても効果的な創造ツールと成りうる。例えばWCIVTのクラスで指導ツールとして声を用いることである。例として以下のケーススタディーを示す。

第3部　統合

ケーススタディー：ヴァイオリンのクラス授業

　教師は４年生の WCIVT のヴァイオリンクラスで新しい音を指導したいと考えている。子どもたちに音を習得させ、どうしたら音階に合うかを理解させるために、教師はまず声を使って新しい音を指導することに決めた。

- ・授業は歌のウォーミングアップから始まる。そして、授業に焦点を合わせた活動と、以前の学習の強化を取り入れた活動を行う。これらのウォーミングアップには、児童が以前学んだ音を拍として打ったり、彼らが知っている曲から短いフレーズを再生することが含まれている。
- ・児童は授業で以前学んだ音を歌い、その下に加えられる新しい声のオスティナートについて学ぶ。オスティナートにはヴァイオリンで学ぶ予定の新しい音が使われており、一歩ずつ近づいていく。
- ・児童は新しい音について学び、音名を伴って新しいオスティナートを歌うことによって、いかにすればその音が音階に合うかを理解する。
- ・彼らは、新しい音とオスティナートをクラスで２パートに分かれて歌うことによって、新しい音とその前後関係を自らの中に取り込んでいく。

　子どもたちは楽器へ移行する前に、新しい音がどのように響き、聴覚的にどのように音階に合うのかという確かな理解を得る。そして、技術を進歩させながら楽器を学び、曲を演奏する。これらの声楽を創造的に用いた計画は、すべての子どもたちに、楽器で音を演奏する複雑さに対処しなければならない前に、十分な音楽学習に従事させることが出来る。

　声楽の活動を通して、声の健康と効果的な声を作りだす重要性を考えなければならない。子どもたちはいつも彼らの声に注意し、歌唱の質を向上させるように励まされるべきである。そして「Voiceworks」や「Singing Matters」といったリソースには広範囲にわたるアドヴァイスが見られる。子どもたちが声を張らないように気を付ける。叫ぶというよりも声帯を開

き横隔膜を使って声の中に力を入れる感覚を得ることが重要である。児童は歌う前にいつもウォーミングアップをするべきである。このウォーミングアップには以下のようなものが含まれる。

- ・「ソ」と「ミ」で聴覚のウォーミングアップを行う。(「ラ」は年齢や経験による)
- ・模唱して歌う。
- ・舌、歯、唇を使って異なる音声やゼクエンツを作る。
- ・細かすぎるアーティキュレーションを含む舌がもつれるほど発音しにくい語句を唱える。例："A tutor who tooted the flute tried to tutor two tutors to toot. Said the two to the tutor, "Is it harder to toot or to tutor two tooters to toot?"

声楽活動をすべての児童に受け入れやすくする

　性別は歌唱に関しては重要な問題であると度々考えられる。(例：Ofsted 2009) 男子は女子と同じような歌唱能力で学校に入学してくるが、その演奏は後に落ちてくる。男子は低学年のすべての年齢において女子よりも歌唱について積極性がなくなってくる。(Welch 等 2009) 男子は気が向かない一方で、女子は喜んで歌唱活動に取り組み、歌唱は女子のための活動と捉えられていると Ashley (2009) は示唆する。問題の大半は潜在力 (可能性) ではなく、イメージやアイデンティティにつながりがある。小学校の高学年になってアイデンティティがかなり壊れやすくなった時に、歌唱は男子にとって完全に自然なことと思われる必要がある。このことは男性教師によって教えられる必要があるというわけではない。男子の「クリティカル・マス」に連帯性を与え乗せることによって、他の男子を歌い手として認識できるようになることがより重要である。レパートリーの選択も決定的である。男子は、女子らしい声楽作品は簡単だと思うため、男らしい世界 (例えば Maoli Haka のような) で高い地位として受け入れられているような声楽活動を紹介する。Bobby McFerrin のような人の声楽の技能や巧妙さを聴くことは、有益なロールモデルを与える。子どもの人種やクラスはレパートリーを選ぶ際、考える必要のある重要な問題

である。

レパートリーの選択

　適切なレパートリーの選択は、すべての声楽指導において考慮すべき重要なことである。歌の魅力は子どもたちを引き付けるか、引き付けないかの差である。私たちは、基本的な基準と対照させてすべての音楽を公平に評価する必要がある。

範囲

　歌は子どもの身体能力の範囲内であるべきである。まだ曲が歌えない子どもにとって、音程は障壁になる。たいていの子どもは私たちが期待しているよりも低めに歌い、かなり狭い音域で、運動場でゲームをしている時の方が、子どもたちは自然に自らの音程を選んでいることは明らかである。子どもたちに自らの音程を発見させて、最も快適だと感じる感覚を得ることが有益である。歌に対する要求も考慮に入れなければならない。例えばメロディーは音程の跳躍が含まれるものよりも、順次進行の方が一般的には簡単である。もし子どもがある歌に引き付けられていれば、その要求に耐えられることは驚きであり、より挑戦することは成長に欠くことのできない要素である。

言語

　歌は言語の点から受け入れやすいか評価される必要がある。言葉と抒情詩は声楽作品の重要な部分であるが、とりわけ読み書きを習っている子どもたちに対して、言語の習得で経験を占めてしまわないことが重要である。言葉を学習したり読んだりすることに骨が折れると、意味が曖昧になる。長々とした詩を学び読まなければならないと、子どもたちは気力を失い、メインの音楽から気がそれてしまう。一般的な大雑把な方法として、口頭で教える方法が一番良い。子どもたちの聴覚の技能を発展させ、教師はリズムやメロディー、声楽の技能の発展に焦点化できる。

多様性

　ポピュラー音楽であれ、映画音楽（例えばディズニー映画）であれ、特

に幼い子どもにとってコマーシャル音楽は魅力的であることを私たちは知っている。このような人気のあるレパートリーは疑いなく独自の価値があるが、あまり知らない曲を紹介して子どもたちの音楽的理解をどのように広め伸ばしていくかという重要な問題が浮上する。歌のレパートリーから「必勝公式」を見つけて固守しがちであるが、もっと挑戦すべきである。授業を新鮮でエキサイティングなものにするには多様性が必須である。レパートリーはジャンルとスタイル、文化と時代の範囲から作品を含む必要があり、賛歌、ラップ、朗唱、民謡、バラード、呼びかけと応答の歌、輪唱、無伴奏曲である。

　便利な方法が豊富にある。「Sing Up」のウェブサイト（www.singup.org）は Song Bank の素晴らしい出発点であり、学び歌うための歌の多様な図書館のようであり、すべてに音声トラックと伴奏機能が付いている。「Voiceworks」と「Singing Matters」はより幅広いレパートリーを提供し、気軽なウォーミングアップやコピーできる歌の例があり、単純な聖歌から複雑な無伴奏合唱曲まで含まれている。

　アクセスやインクルージョンに影響する多くの要因を統合するメディア環境はヴァーチャルなもので、常に発展している音楽テクノロジーの世界を通して利用できる。この音楽テクノロジーは男性の方が有利である。逆に、女子にテクノロジーに携わることを奨励する方法を見たい。様々なウェブサイトは児童に作品を見せる陳列棚の役割を果たし、仲間からのフィードバックを受け入れ、コメントを返すことは批判的聴取の発展を助ける。音楽を創造する際、責任感と自主性を得ようとするならば、児童は「自分たちでする」という技能と自信を発展させる必要がある。（Hargreaves and Marshall 2003）

学校全体のアプローチの重要性

　素晴らしい実践が孤立化した教室の中で起こっているかもしれないが、これらの要素がもたらされる学校全体のアプローチこそが真の違いを作る。歌うことを受け入れる児童と受け入れない児童の間に区別はない。それどころか、重要な決定的要因は学校にあり、学校内のリーダーシップと学校で作られる文化であることが明確である。（Ofsted 2009; Welch 等

2009）このことは学校における音楽活動の全体的な発展に対して明確な
ヴィジョンが求められる。歌唱は音楽カリキュラム全体で必要な部分とし
て見られるだけでなく、学校生活の一環である。しかし、単に歌唱の機会
を与えるだけでは十分ではない。学校は強みと弱みに気付き、実践を改善
するように動く必要がある。

活動8-3　WCIVTにおいて声楽活動を統合する

「Sing Up」のウェブサイト（www.singup.org）にアクセスして、「教
師と音楽リーダー」の部分を見よう。そして「Song Bank」にアクセス
しよう。

あなたのWCIVTの授業を補足し、子どもたちが関わり刺激を受ける
と思う歌を、Song Bankの中から3曲選ぼう。（例えば、児童が今「冬」
と題した作品を演奏しているならば、関連する題名の歌を見つけよう。
もし、4分の5拍子の作品を学習しているならば、同じ拍子の歌を見つ
けよう）

以下の方法で歌を指導する準備をしよう。

- 各歌に付随する資料（例えば詩、音声トラック、ソングシート、活動、授業計画）をダウンロードしよう。
- 歌を聴いて、その歌によく慣れ親しみ、メロディーと歌詞を、自信を持って教えられるようにしよう。
- どのように児童に歌詞を教えるか決定しよう。もしシートやスクリーンで言葉を見る必要があるならば、必要なリソースを準備しよう。
- エコートラックを聴いて、子どもに歌を教える際、どのようにトラックを使うか決定しよう。
- 伴奏を演奏する必要があるか、伴奏トラックでリハーサルをするか決定しよう。

フォーマルなコンサートの場、もしくは隣のクラスで演奏するといっ
た非公式な場でも児童に歌を演奏する機会を保証しよう。

音楽の付帯的な利益は、学校の中で音楽を正当化する方法を進めること

である。歌に携わる利益の証拠によって圧倒することで、Sing Up 運動の論理的根拠を知らせる。全国歌唱アンバサダーの Howard Goodall は次のように述べている。

　幸運にも音楽を学ぶことができ、幼いころから歌うことができた若い人々は、社会生活技術、記憶、聞く能力が発展し、自信を持つことができると研究は示している。数学における認知能力はもちろん、運動スキルや言語の発展もいっそう良くなる。歌唱に必要な技能は共同作用や聴くことを含み、脳の発達も助ける。歌は子どもの自尊心を築き、年齢、性別、背景関係なくチームワークを促進し、多様性を称え、自己表現を促進する。（www.singup.org）

　学校における歌唱の論理的根拠として「見返り」を強調したくなる。これは年長のマネージャーや親とともに私たちの活動を正当化する場合である。お金の価値が中心の考えである論理的、合理的世界の中で、漠然とした秘教的な美的学習よりも、これらの音は有効である。しかし、私たちはカリキュラムをゆがめたり、歌を他の教育的ゴールへの「隷属的な地位」にならないように、注意して正当化する必要がある。喜びを与える事は私たちがこのようなこと（正当化）をする必要はない。Finney（2000）が指摘するように、真に美的教育に子どもたちを携わらせ、言いかえれば自らのために、本質的に価値あるもののために歌うことにより、副産物や利益はいずれ起きる。本質的な音楽のゴールは、付け足しの本質的でない結果から、妥協なしに創造的な美的目的に到達することができる。

参考文献

Ashley, M. (2009) 'How high should boy sing ?', *Primary Music Today*, Issue 42,14 (2).

Finney, J. (2000) 'Curriculum stagnation: The case of singing in the English National Curriculum', *Music Education Research*, 2 (2)：203-211.

Glover, J. (2000) *Children Composing 4-14*. London: RoutledgeFalmer.

Glover, J and Ward, S. (1998) *Teaching Music in the Primary School* (2nd edition). London: Continuum.

Hargreaves, D. and Marshall, N. (2003) 'Developing identities in music education', *Music Education Research*, 5 (3) :263-274.

Ofsted (2009) *Making More of Music: An Evaluation of Music in Schools 2005/08.* HMI Ref No.080235. London: Ofsted.

Welch, G.F., Himonides, E., Papageorgi, I., Saunders, J., Rinta, T., Stewart, C., Pretti, C., Lani, J., Vraka, M. and Hill, J. (2009) 'The national singing programme for primary schools in England: An initial baseline study', *Music Education Research*, 11 (1) : 1-22.

Young, S. (2006) 'Seen but not heard: Young children, improvised singing and educational practice', *Contemporary Issues in Early Childhood*, 7 (3) : 270-280.

追加文献

Boal-Palheiros, G. M. and Hargreaves, D. J. (2001) 'Listening to music at home and at school', *British Journal of Music Education*, 18 (2) :103-118.

Davies, C. (1986) 'Say it 'til a song comes: Reflections on songs invented by children 3-13', *British Journal of Music Education*, 3 (3) : 279-294.

Jones, P. and Robson, C. (2008) *Teaching Music in Primary Schools.* Exeter: Learning Matters.

資料

Sing Up website: https://www.singup.org.

'Voiceworks'series published by Oxford University Press.

'Singing Matters'series published by Heinemann.

第9章
カリキュラムにおける音楽への統合的アプローチ

Chris Harrison

序

　筆者は、音楽は生活の基本であるという点において、研究者（Gregory 1997; Mithen 2005; Malloch and Trevarthen 2009）と同意見である。世界中の至る所で、人々は様々な理由と目的により音楽を創造した。それは友情、楽しみ、慰め、知識、宗教、愛を表すためであったと最近 Levitin（2008）は要約している。音楽が生活になくてはならない部分として与えられ、子どもの音楽活動が音楽レッスンに限定されるだけでなく、カリキュラムの他の分野と統合され、カリキュラムに反映されることが重要である。こうすることによって、子どもたちは異なった背景で音楽を経験することが出来、どのように生活と広く関連することが出来るか理解する。

　本章では音楽が教科として完全に維持されている間、音楽の統合的アプローチが一般的な発達はもちろん、子どもの音楽的進歩をサポートする方法を探究する。最初に、そしてもっとも紙面を割いて、カリキュラムを横断した刺激について見ていく。次に学校生活の中での音楽について見る。最後に音楽の創造に携わる過程について見る。概略された活動により、本書で探究された他の3つの原理（アクセスとインクルージョン、創造性、コラボレーション）についても利用する。学習している音楽技能が創造的であることによって、子どもたちはより広い背景の中で音楽活動の可能性を探究することができる。すべての人はこれらの活動（アクセスとインクルージョン）に参加でき、参加すべきである。あるものは賛成して、他方は除外していれば何も得るものはない。活動では多くのコラボレーションと、どのようにグループを動かすかという理解を含む。

　この章の終りまでに、以下のことについて考える。

●音楽活動で異なる刺激の範囲をどのように発展させていくか
●学校生活の中で音楽の役割をどのように促進していくか
●音楽の創造の過程は子どもたちの全般的な発達にどのように寄与するか

音楽を他教科と統合する

　音楽と他の分野、カリキュラムの他教科と結びつけることは、時折熱い議論の原因になっている。ある人は、若い人にとって音楽経験の幅を広める助けとなると見るが、別の人はクロスカリキュラムにつなげることは、教科としての音楽独自の重要性を弱めると考える。しかし、このようなつながりを作ることは、他の教科のしもべとして音楽を格下げするということではない。子どもたちが歴史的な事件に関する歌を学んだり、実際上手に歌わなくても環境の価値を学ぶといった多少のシナリオはある。音楽的なゴールが明確である限り、クロスカリキュラムは子どもの音楽に対する理解を高め、音楽をより関係のあるものにする。この一般的な原理は、初等カリキュラムの独自のレビューに反映されている。（DCSF 2009）それによると教科は、価値があり挑戦的なクロスカリキュラムによる学習によって補われ、その学習は子どもたちに教科の知識と技能を使用し応用して、理解を深める機会を与える。（ibid. : 10）

音楽と身体的発達

　音楽を創造することは、歌唱にしろ楽器を演奏するにしろ、身体的な活動であり、音楽的発達と身体的発達は密接に関連しているということを覚えておくことが重要である。歌唱は子どもたちの呼吸の調整を助ける。そして声を使用する方法の幅、すなわち音域だけでなく、表現の幅にまで拡張する。楽器を演奏することは、筋肉のコントロール、協調、持久力を発展させる。ある音楽グループ、例えば日本の鼓童のドラマーは、肉体的な訓練が彼らの芸術の本質的な部分である。子どもたちに、動きや踊りを通して音楽に反応する十分な機会を与えることも必要なことであり、これらの身体的反応は音楽的理解を発展させ、（音楽的理解を）示す過程の重要な部分である。音楽活動の身体的な側面を強調することは、子どもの成長と進歩を著しく高めるであろう。例えば、歌に動きを取り入れたり、楽器

を演奏する際、足でビートを保つことによって、リズムや音楽の拍を子どもに感じさせることが出来る。音楽を聴く際も、静かに座っているより、彼ら自身が作った音楽を含めることによって、表現的に動いたり、ダンスの動きを創ることを促すことが出来る。

カリキュラムを横断した刺激

　音楽を全体のカリキュラムに統合する一つの方法に、音楽活動のスタート地点で使用される刺激がある。この刺激には、詩、話、数、パターン、イメージ、形、動きが含まれる。刺激は楽器や声楽を探究するための手段として、クラス全体の器楽及び声楽の教育（WCIVT）に導入され、子どもたちが授業で学んだ技能を応用する環境を与えることができる。

読み聞かせと物語

　読み聞かせと物語は明らかな出発点となる。子どもたちが慣れ親しんでいるラジオ、オーディオ、テレビ、映画には長い間音楽が使われており、物語や劇的な緊張を高める効果がある。「魔法使いの弟子」や「ピーターと狼」はクラシック音楽で良く知られた例である。

　Primary Subjects（CfSA 2009）の第6号には、イソップ物語の中の、北風と太陽が旅人のコートを競って脱がせる話の演奏が含まれている。音楽の授業において、子どもたちはより強く吹く風と優しく次第に暖かく照る太陽、風と戦い太陽の温かさを楽しむ旅人を、楽器を使って表現する。WCIVTのプログラムでは、クラスで一つ以上の楽器に接している。子どもたちは楽器のグループに分かれて、例えば風はドラム、太陽は弦楽器、旅人はキーボードと特徴を捉えながら活動する。子どもたちは十分に音を探究すれば、協力して話に演奏をつけることが出来る。最初は教師もしくは児童が挿絵入りの物語を読み、指揮者が話の中の出来事を表す適切なポイントで演奏者に合図を出す。さらにこのアイデアが進んで、話の構造に従いながら言葉を使わずに話に添った音楽作品を創造する。他のアプローチとして話を部分に分け、子どもたちのグループにそれぞれ説明する部分を与える（物語の本文はない）。全体の話が語られるのに続いて作品が演奏される。

　同様のプロセスが詩や詩の中で用いられる修辞的表現の探究にも見られる。子どもたち自身の詩が出発点として用いられ、既に言葉で創造したものを音によって探究し、それによって言葉と音楽の媒体に関する理解が高められる。

　これらの活動は、WCIVT の授業の全体、あるいは部分的に行われる。例えば、WCIVT の授業では、動き、雰囲気、特徴を表現するための音を作り出す広範囲にわたるアイデアを探究する。子どもたちが使用したい音をグループで探究して決める過程を、クラス担任は監督しながら考えを発展させる。そしてさらに WCIVT の授業においてクラスの演奏としてまとめる。言葉との関連は明確であり、子どもたちは彼らが作り出した音を表すために、表現的な言語を使う。(その言語の多くはオノマトペ的である。「ささやく」「小声」「衝突」「ぽつぽつと滴がしたたる」このような言葉は、言語の発達において言葉ではない音の影響の重要性を示している)活動 9-1 では、クラス担任と訪問器楽教師が協働的に音楽と話を含むプロジェクトを展開させる方法を提案する。

活動 9-1　音楽と話
- ●期間は 3 〜 4 週間で、音楽を創作するための刺激として使う話を選ぶ(クラス担任は提案することができる)
- ●音楽や他の関連する分野の中で、子どもたちがプロジェクトの終わりで成長している技能や理解は何かを見極める。
- ● WCIVT の授業と他の授業の間で活動をどのように共有するのか、(もし可能なら)最終成果の形式はどのようなものかをクラス担任と話し合う。
- ●とりわけ以下の点に関してプロジェクトの効果を評価する。
- ・子どもたちの音楽的理解と他の関連する学習 (あなたの最初の学習目標に言及する)
- ・クロスカリキュラムの組織とのつながり
- ・クラス担任とのコラボレーションによる効果

視覚的な刺激

　視覚的なイメージは音楽活動には効果的な刺激で、美術カリキュラムと明確に関連する。読み聞かせにおいても上記で述べたものと同様のプロセスで、素描、絵画、写真を描写し補足する音楽が作られる。最初に子どもたちは絵画から考えたこと、例えば動き、特徴、色、パターン、気持ち、雰囲気を表す音を出してみる。これらのアイデアはグループ活動を通して発展して、全体の作品へと形成され、まとめられる。（おそらく指揮者を使って構造が与えられ整合される）

　この種の活動は、美術だけでなく、他の教科の理解もサポートすることが出来る。例えば歴史上の人物の肖像画は、その人生の経歴に関する情報とともに、描写する作品の出発点となる。読み聞かせに関して、これらの活動は WCIVT の授業や他の時に行われる。子どもたちが学んでいる器楽の技術をどうすれば異なる状況に適用できるかを理解することが重要である。

数と数学的な刺激

　音楽と数学の技能は関連しているといわれ、数学的な概念とアイデアが音楽的に解釈できることについて考える。子どもたちが、どのようにすれば音楽の中で数を解釈することができるか考える。例えば「3」は、3つの音から成るメロディー、3和音、3拍子、3部形式がある。「5」は音楽の授業において、異なる五音音階を探究する出発点になる。クラス担任やその後の音楽の授業で探究され、クラスをグループに分け（子どもたちが選んだり工夫した）自らの五音音階で作品を作る。周期的なパターンは数の関係性を探究する実践的な方法であり、例えば3拍子のパターンと4拍子のパターンを対照的に位置付け、いつどうやって一致して離れるのかについて調べる。多くのアフリカのリズムは、3と2の概念が対照して演奏され、複雑な関係性を持つ。これらは、打楽器グループだけでなく、他の楽器にとっても有益な探究である。

　活動 9-2 において、あなたが教えている学校の WCIVT の授業と結び付けて、どのように資源や活動を発展させていくかについて考えよう。

活動 9-2　資源の貯蔵庫を発展させる
- ●授業に参加して、クラス担任から探究しているテーマやトピックについて聞く。
- ●音楽活動の出発点として使えるこれらのテーマとトピックに関連した資源のコレクションを構築する。資源は話（フィクション、実話）絵画、写真、芸術品、数学的概念が考えられる。
- ●どのようにその資源を使うのか、計画を作成し、学習の目的と適切な活動について見極める。
- ● WCIVT の授業においてこれらの資源を使い、自分の考えを修正したり、更なる資源を見極めながらその効果について評価する。

学校生活内での音楽の統合

　子どもたちの音楽活動の内容のみならず、私たちは音楽活動を行う環境を考慮に入れることが出来る。子どもたちが WCIVT の授業で作った音楽は当然参加者だけでなく、より多くの人によって聴かれる。音楽を演奏する子どもたちの大きなグループは、年間のイベントや行事、例えば宗教的なお祭り、保護者の集い、スポーツデイなどで高めることができる。時々、本末転倒の危機がある。差し迫った演奏依頼は、クラスの学習軌道を混乱させる。しかし、注意深く扱えば、演奏の機会は学習と自信を高める。「進行中の活動」は効果的な演奏として示されることを覚えておくことが重要である。即興で演奏することが出来れば、長い時間のリハーサルは回避できる。（子どもの）指揮によってクラス全体で即興を行えば、とても効果的な音楽的背景がもたらされる。しかし、もしそうするのであれば、皆が静かに座っている時に、演奏を続けることを保証すべきである。また子どもたちは特別な行事のために音楽を作曲する。表彰式のファンファーレ、ディーワーリー（インドのヒンドゥー教のお祝い）の曲、中国の春節は、（例えばラーガや五音音階といった）WCIVT の授業で扱う音楽的特徴に基づいている。

　活動 9-3 では、学校で行われる特別な行事で、どのようにすれば方法や活動を発展させられるかについて考える。

活動 9-3　特別な行事のための音楽

● 音楽を提供できるイベントを決める。
● 必要であれば、児童が作曲したり即興したりする際の刺激となるような音楽作品を見極める。
● あなたが選んだスタイルやジャンルと関係のある音楽的特徴を子どもたちが探究できるように活動を展開する。例えばファンファーレであれば大きな音で短い、祝いのダンスでは陽気でリズミックなど。
● WCIVT と他の授業にまたがり、結果、子どもたちが最終の演奏に向けて音楽を創作できるような活動を計画する。
● 子どもたちの反応や音楽の学習を考慮したうえで、プロジェクトの効果を評価する。

カリキュラムの中に音楽をはめ込む

　音楽を全体のカリキュラムの中にはめ込むために、校長の役割は重要である。音楽は子どもたちの発達のあらゆる側面を支えることができることを説得する必要がある。そして教師に対して横断的カリキュラムを促す指導をする必要がある。2011 年からの新しい小学校カリキュラムで示されたカリキュラムに柔軟性をもたせ、校長と上級管理職は音楽を統合要素として、刺激的で革新的なカリキュラムモデルを発展させることができる。クラス担任の役割も重要である。彼らは特定の音楽授業を越えて音楽を拡張させていくことを理解する必要があるだろう。彼らが積極的に音楽と関わり、WCIVT プログラムが PPA タイム（Planning, preparation and assessment time）の手段として用いられないようにすることが重要である。彼らは自身の音楽性に対して自信を持つことが必要である。また彼らは、どのようにすれば教師としての一般的なスキルを音楽指導に応用できるかを理解する必要があるだろう。

音楽を創造することと子どもたちのより幅広い学習：統合的アプローチ

　音楽は社会的な活動であり、子どもたちが音楽を創造する過程は、彼らが作っている音楽の内容と同じくらい重要である。これらのプロセスは、より広い個人的、社会的成長にとってとりわけ重要である。音楽や歌は社会とのつながり、グループの主体性を形成するために重要であり、専門家とともに授業で音楽を創造する経験は、これらに寄与する。グループで音楽を創造するには、交渉、問題解決、意思決定、評価、聴取、協力といった幅広い技能が求められる。子どもたちが異なる役割を経験し、これらの技能を成長させる機会が得られるように、音楽の授業は計画される。大きなグループで自由な即興を含む活動は、子どもたちの想像と意思決定を成長させる。グループでの作曲活動は、聴取、交渉、評価の力を伸ばす。子どもに指揮者を体験させることは、リーダーシップの能力を伸ばすとともに、指揮を見る側は従う重要性を学ぶ。様々な楽器が混ざったクラスは、グループの中で異なる役割について学ぶ。ドラムやパーカッションはリズムを取り、グループをまとめる。ギターやキーボードは背景や（ハーモニーの）枠組みを与える。ステージの真ん中に位置するメロディー楽器は、私たちが聴いている内の一部分を演奏しているが、その楽器だけでは効果が少ない。授業中もし子どもたちの注意がこれらの役割や過程に引きつけられれば、教師は協力的な活動や役割分担が求められる他の場所においても引き合いに出すことが出来、教室で大きな能力を発揮することが出来る。

結論

　音楽教育の中で政府によるイニシアチブが多くある時はめったにない。（NAME 2009）全体的にこれらのプロジェクトの目的をかいつまんで言うと、すべての学校を音楽学校にしようとすることである。本当の音楽学校は毎日音楽活動が行われており、全カリキュラムにわたって音楽が学習の媒体となり、大人も子どもも音楽の活動によって心地よい気分になり、創造的な音楽活動は中心的な役割を担っている。もし、音楽の学習が週のうちの特定の日のみに行われ、専門家によって指導されるならば、音楽学校

のような状態には到達しない。もし音楽が学校生活の中に取り入れられ、専門知識や責任を共にした時のみ、音楽学校のような状態が起こるであろう。このような方法により、グループで音楽を作る能力以上に、子どもたちは音楽の授業から多くのことを学ぶ。すなわち、いかにして音楽によって彼らの生活や学習を豊かにすることが出来るかを理解するだろう。

参考文献

Council for Subject Associations (CfSA) (2009) *Primary Subjects*. Issue 6 :'Using Stories'. For information about this publication, please contact the CfSA at https://www.subjectassociations.org.uk. The music section (including the text referred to above) is available on the website of the National Association of Music Educators (NAME) at www.name.org.uk.（現在はアクセス不可）

Department for Children, Schools and Families (DCSF) (2009) *Independent Review of the Primary Curriculum: Final Report.*（現在は Department for Education https://www.gov.uk）

Gregory, A.H. (1997) 'The roles of music in society: The ethnomusicological perspective', in D.J.Hargreaves and A.C.North (eds) *The Social Psychology of Music*. Oxford: Oxford University Press.

Levitin, D. (2008) *The World in Six Songs*. London: Aurum Press.

Malloch, S and Trevarthen, C. (2009) *Communicative Musicality*. Oxford: Oxford University Press.

Mithen, S. (2005) *The Singing Neanderthals*. London: Weidenfeld & Nicholson.

NAME (2009) *Music Education Update (Bulletin 1/09)*. Available from the National Association of Music Educators (NAME) at www.name.org.uk

第 4 部
創造性

場面設定

Nick Beach

　本書を支える４つの原理のうち、「創造性」は変わったものである。アクセスとインクルージョン、統合とコラボレーションが支えとなる原理であり、「クラス全体の器楽及び声楽の教育」において成功のために前もって必要なものであるが、創造性は教師と児童が実際に示すものという特性がある。なぜ、創造性は特別な扱いを受けるのか？コミュニケーション、技能の発展、音楽的才能、他の特性は音楽的な経験を共に作り出すために選択されないのか？創造性に関する何かしらの原理はあり、創造の衝動がおそらく最も強いのが子どもである。子どもに紙と鉛筆を与えてみよ、彼女は絵を描き始めるだろう。子どもに楽器を与えてみよ、彼は音を試すであろう、子どもに遊ぶ時間を与えてみよ、そうすれば彼らは複雑な話を作りだし演じるであろう。しかし興味深いことは、この創造的衝動を歴史的な器楽指導では利用していないことである。実際、上記の創造的な遊びの３つの例は、伝統的な器楽指導のイメージとは全く反対である。

　「創造性」や「創造的」という言葉は伝統にとらわれない何かと捉えられがちで、他者とは異なり、特別の扱いや活動スペースが必要で、自由が認められている創造的な人というロマン主義的な観念がある。しかし最近では、創造性は高い価値があるものとみなされるようになっている。会社では創造性は雇用者を評価する特性の一つとして挙げられ、イギリスの有名な創作会社では 1000 億ポンドの収入を計上し、130 万人を雇用している。

　増大する創造性の重要性は、創造性がイギリスの教育システムの中核になっていることを反映している。Cambridge Primary Review「子どもたち、その世界、教育」の最終レポートでは、「創造的」や「創造性」といった言葉が他の言葉よりも多く現れている。（Alexander 2010：226）同じ報告では、カリキュラムを超えた創造性について確認されている。「創造性は

芸術的、想像力豊かな試みという点だけでなく、子どもの思考の質と能力、忍耐力、問題解決能力への寄与としても理解される」(ibid. : 489)

　しかし、創造性が突出して目立っているにもかかわらず、いまだによく議論されている概念である。創造性とは何か、誰の創造性について語っているのか、グループや個人の活動の中でどのように明らかにされるのかといったあらゆる分野で明確な定義に到達しようともがいている。クラス全体の器楽及び声楽の教育の中で、創造性に対する基本的な考えを確立するために、私達はここで通用する関連のある定義について見ていく。

　「All our Futures」によるレポート（NACCCE 1999 : 29）では、有益な出発点として4つの部分に分けた創造性の定義について提示している。

　　●想像力豊かに考えふるまうこと。
　　●この想像力豊かな活動は目的のあるものであり、目的に到達する方向へ向かう。
　　●これらの過程はオリジナルなものを生成しなければならない。
　　●結果は目的に関連して価値のあるものでなければならない。

　この定義には、自然に多くの質問が起こってくる。誰に対してオリジナルなのか？誰に対して価値があるのか？Lucas はより広い定義を提案している。「創造性は知性が共に働いている精神状態である。そして、見る、考える、革新することが含まれる。」(Lucas in Craft 2001: 38)

　これらの2つの定義の間で、私たちは作曲や即興といった伝統的な創作分野に限定しない創造性の理解について発展させていくことができる。実際、音楽のどの分野や他の科目においても、創造的に活動したり考えたりすることは子どもを支えるのに役立つ。さらに、私たちは創造性とは何か有形のものを作り出す必要はないと理解している。創造的な精神状態に到達すること自体に価値がある。

　誰の創造性について私たちは語るのか？「All our Futures」のレポート（NACCCE 1999 : 89）において概説されている有益な区別があり、それは「創造性を教える」ことと「創造的に教える」ことの区別がされている。

　　●創造性を教えることは、子どもたち自身の創造性を支え促進することである。

第4部　創造性

●創造的に教えることは、すべての分野において子どもたちの学習の発展を
サポートする創造的アプローチを利用することである。

　この区別は有益であるが、音楽教育の目的のためにこれらの分野を再結
合することは必要である。もし創造的な指導によるサポートがなければ、
子どもが創造的な過程を作り出すことを想像するのは難しい。
　最近の創造性に対する理解の発展は、創造性を教えることと創造的な指
導の中間的な立場での創造的学習という概念になってきた。このアプロー
チは、子どもたちの学習に対して創造的に関わることを促すもので、第
11章「創造性と器楽の演奏技能の発展」にて述べられる。
　私たちは音楽の活動は基本的に創造的であると思い込んでいるが、それ
は必ずしも事実ではない。おそらく、楽器を演奏する身体的な技能は、タ
イプを打つ技術と同様、本質的に創造的ではない。両方とも創造的に用い
て、技能を向上させたいと願う創造的な操縦者がいてからこそであるが、
単独では創造的なものは求めることも生み出すことも出来ない。音楽の指
導方法が創造的であるには、創造性を教える、創造的な指導、創造的な学
習を統合させることがきわめて重要である。
　しかし、私たちは創造性を教えることが出来るだろうか？「教える」と
いう言葉はこの文脈では違和感がある。John Holt は先生（イネイブラー
やファシリテーターとしての）と教員（管理者や情報を与える者としての）の適切な区別をしている。（Holt 1977 : 26）Jeffrey and Woods（2009）
は「創造的な学習の足場を組むこと」について話しており、教師の役割と
は子どもが探究できて、要求を満たして心地よいサポートを提供すること
だと含みを持たせている。
　更に、Jeffrey and Woods（2009 : 13）は創造性を伸ばすために必要な状
態について次のように提案する。

●関連性：児童のアイデンティティと文化に合わせながら、幅広い社会的価
値の中で作用する。
●学習過程のコントロール：児童は自発的であるべきで、外部要因やタスク
指向の練習に支配されてはならない。
●知識の所有：児童は自らのために学習する。教師、試験、社会のためでは

－124－

ない。創造的な学習は自らの中に取り込まれ、児童の自己に変化をもたらす。

● 革新：何か新しいものを作り出す。変化が起きると、新しい技能が習得され、新しい識見が得られ、新しい理解が認識され、新しい意味のある知識が得られる。

これらの状態は、次の章で多くのアプローチが実証されている。第 10 章「創造的過程」では、創造的過程のモデルを提案し、教室においてどのように見られるか、実践例を考察する。第 11 章「創造性と器楽の演奏技能の発展」では、創造的学習の概念について概観し、技能の獲得と創造性の発展の相互依存に関する新しい理解について提案する。第 12 章「創造的成長の認識」では、創造的な成長が毎週の授業でどのように統合されるのかについて考察する。

参考文献

Alexander, R. (2010) *Children, their World, their Education*. London: Routledge.

Craft, A. (2010) *Creativity in Education*. London: Cotinuum.

Holt, J. (1977) *Instead of Education*. London: Pelican.

Jeffrey, B. and Woods, P. (2009) *Creative Learning in the Primary School*. London: Routledge.

National Advisory Committee on Creative and Cultural Education (NACCCE) (1999) *All our Futures: Creativity, Culture and Education*. London: DfEE.

第 10 章
創造的過程

Madeleine Casson

序

　創造性を育てる環境を提供するということは、創造の過程を理解することを必要とし、創造の過程の結果は予見することが難しいということを受け入れることである。本章では創造性を段階的な過程として探究する。このことは創造性を機械的にはっきりさせようとするものではなく、創造の行程の理解が、子どもたちの創造的思考を説明し促進することが容易くなることを認めるためである。創造的な成長を支える教師の主な役割は、多様なアプローチを提供することと、反応と結果の範囲を認めることである。

　本章で私たちは以下のことを目指す。

- ●創造的発展のモデルを提案する。
- ●「クラス全体の器楽及び声楽の教育」（WCIVT）において各ステージはどのようなものか考える。
- ●創造的モデルが音楽活動の範囲を超えてどのように適用するのか考える。

　創造性について書かれているものは膨大にあるが、意見は多様で、創造的過程をステージで理解することができるという共通のテーマがある。これはステージが一定で決まった長さであることを意味するのではなく、創造的過程とその中にあるステージは、幅広く変化する。「電球が点く瞬間」があり、作曲家は頭の中で鳴っている音楽を半狂乱になって書き付け、物理学者は急にインスピレーションがわく。そして私たちが過程におけるステージについて述べることはすぐに理解されるであろう。しかし、活動には潜在的な過程があり、この（過程の）理解は、教室で創造性をサポート

する際役立つ。

創造性のモデル

　Philpott（2007）は、Wallas（1926）、Ross（1980）、Abbs（1989）による創造性のモデルの比較を提示している。いくつかの点で異なるが、3つのモデルとも創造的過程を 4 段階で提案している点は顕著である。表10-1 は要約と、各段階の複数の要素で構成された記述の比較を提示している。

　「クラス全体の器楽及び声楽の教育」（WCIVT）を背景としたこの過程の音楽的解釈は図 10-1 になる。図 10-1 において段階の間の境界線は明確には切れない。

表 10-1　創造性のモデルの比較

Wallas	Ross	Abbs	要約
準備（個人の心の中に浮かんだ問題を焦点化し、問題の特性について探究する予備活動）	着手（初期の衝動）：触覚の探究、のらくらする、遊ぶ、偶然と事故	衝動の解放：心の動揺	アイデア、意図、見込まれる結果の確認
潜伏（問題が無意識の中に内在化し、外部からは何が起こっているか分からない）	精通する（特別な媒体によって）音に精通し、練習し、さらに探究する。	媒体を用いて活動する。	アイデアを演奏する。アイデアについて考え、可能性について考える。
暗示（創作をする人が解決方法の感覚を得る。）解明や洞察力に導かれる。（前意識的な処理からはっきりした意識へ、創造的な考えが突然現れる。）	コントロール（音楽のパラメータを操る技能を習得する。）つまり、抑制と制限。	批判的な判断により最終的な形式を認識する。	アイデアを洗練されたものにして、必要な技能を発展させる。

検証（考えを意識的に評価し、入念に仕上げ、応用する。）	組織化する（満足のいく形に集約する。）	共同体による表現、演奏と反応、評価	組織化、表現、結果の評価

図10-1　創造的過程の音楽モデル

アイデアの確認 音楽的挑戦は何ですか？どのようにして解決へアプローチしていきますか？ 何に到達したいですか？
アイデアを演奏する 音楽的な熟考、音の探究、音楽的なアイデアを演奏する、音楽的な落書きをする。
アイデアを洗練されたものにして技能を発展させる アイデアの現実化、改良、音楽的選択、求められる技能の発展
組織化、表現、評価 演奏、評価、称賛

　本章では、このモデルの各ステージを探究し、実践においてはどのように見られるかについて考える。そのために、ケーススタディーとして1つのWCIVTの作曲プロジェクトを行い、各4つのステージについて探究する。ここではケーススタディーとして作曲の例を用いているが、音楽の学習と経験のどの側面においても、すなわち演奏、作曲、鑑賞、評価において創造的活動は可能性があり、同じステージの過程を調査するという認識は重要である。

ステージ1：アイデア、意図、見込まれる結果の確認

　創造性の出発点を理解する一つの方法は、「問題」について考え、創造的過程において「解決」しようとすることである。問題は幅広く、多様な外観がある。「私はこの雰囲気や感情をどのように伝えるのか？」「この出来事を作品としてどのように作曲するのか？」等である。これにはいくつ

かの重要な質問が含まれている。

●私たちが解決しようとしている問題は何か？
●誰の問題か？
●誰の解決に興味があるか？
●誰に結果の所有権はあるのか？

　教室でのプロジェクトでは、最初の起動力は教師から与えられる。私たちは出発点と活動計画を持つべきではあるが、子どもに問題を持たせ、自らの方法を構想し、なぜ結果が重要であるかを理解させる方法を計画すべきである。

　初期の段階で活動の本質を探究し、挑戦する時間をとることは、子どもたちに明確な創造の役割と共有を保証する。このことは物事が予期せぬ方向に行っても、面白い結果を生み出すことができる。

　教室での創造的過程の第一段階はどのように見えるだろうか？ケーススタディーは地理と教養のテーマ学習で惑星と宇宙について学んでいるクラスである。クラス担任と器楽の訪問教師がこの学習と WCIVT プログラムをつなげようとしている。学期末には全校集会で作品を試演することになっている。

ケーススタディー：月面着陸　パート 1

　毎週の授業において、クラス担任は「惑星と宇宙空間」というテーマと関係した音楽作品に取り組むことを説明する。可能性のある選択について話し合われ、子どもたちは熱狂的なアイデアを共有している。

●完全に新しい作品を作るのか、それとも既に知っている歌や作品を発展させるのか？
●地理と教養の活動の展示に対する音楽の伴奏形式にするのか、それとも音楽や楽器について学んだものを披露する特別な演奏作品にしたいのか？

　子どもたちは初期段階においてどのような手段が役立つか話し合う。

彼らは使用していた写真をクラスに持ち込み、鑑賞した月面着陸のドキュメンタリービデオについて話し合う。教師は宇宙を示唆する音楽を提供する。

　さらに話し合いは進み、クラスで月面着陸のビデオのバックミュージックとして作品を作ることに決めた。ビデオを見て、作品で喚起したい雰囲気を表している言葉やアイデアのリストをまとめた。

活動 10-1　音楽の問題解決に創造的過程を適用する

●創造的過程が当てはまるような音楽の「問題」を3つ考えてみよう。例えば、作品の正しい雰囲気を作る、新しい音楽の概念を理解する、行事のための作品を作る。

●各「問題」をクラスで解決する方法を書きとめて、ステージ1の初めにその質問について注目させる。

ステージ2：アイデアを演奏する、アイデアについて考え、可能性について考える

　画家のスケッチ帳、創造するチームでのディスカッション、作曲家が音楽的なアイデアを演奏する、デザイナーのいたずら書きに見られるように、この段階はすべての創造的な活動において共通する創造的な過程である。創作者は、探究のための空間を見つける必要がある。すなわち、その分野を長く歩き、誰にも邪魔されずに考え話し合う時間を保証することである。このことは、アイデアを求め、発展させ、捨て、再検討するといった熟成期間を与える。まっすぐな過程というのはめったになく、創作者は個人または共同で活動し、堂々巡りをして、行き止まりに遭遇し、他の方法を探そうとする。机の横にあるくずかごが常にいっぱいである作家のようなイメージで、この段階は視覚的に最も力強い表現である。

　WCIVT の授業において発達段階を支えるものは挑戦である。最初、子

どもたちはアイデアを探究するにあたり、助けと指導が必要であろう。すべての貢献に価値があり、やりがいがあることが保証され、適時の枠組みが必要である。

　作曲と即興の区別は曖昧であるけれど、このステージでは即興が中心となる。単純な呼びかけと応答は、すぐに音楽的な断片やアイデアとして子どもたちに与えられる。これらは「画家のスケッチ帳」の音楽版における基礎的要素を成し、蓄えられたアイデアは後に発展していく。IT と録音技術はアイデアのレパートリーを築き始めた児童にとって理想的な方法であり、個人やグループで作品を録音した「音声のスケッチ帳」を通して、児童は経時的にアイデアのレパートリーが築き上がるのを見ることが出来る。

　この「アイデアで遊ぶ」という概念は、作曲と関連しているだけでなく、すべての音楽創造活動において重要である。新しい作品を学んでいる生徒は、異なった解釈で「遊び」、異なる方法で演奏すればどうなるかを見て、演奏の雰囲気にどのような効果があるか尋ねる。

ケーススタディー：月面着陸　パート 2

　次週、弦楽器の WCIVT プロジェクトにおいて、クラスで再び月面着陸のビデオを見る。子どもたちは異なるエピソードについて詳しく話す。カウントダウン、月に到達する、スペースシャトルのドアが開く、月への第一歩を踏み出す。これらを黒板に列挙する。

　クラスで先週作成したワードリストに立ち戻り、楽器と声を使って、どのようにすれば音で表せるか試してみる。子どもたちはペアで活動し、定期的に革新的なものや面白い例を皆で共有し話し合う。それぞれビデオのエピソードと関連させる。MP3 で記録した音の形を全体で図によって表現してみる。

活動 10-2　アイデアを演奏する
- ●クラスで学んでいる作品の中から一つ選び、異なった雰囲気を作り出すために、どのように異なった方法で作品を演奏すればよいか話し合う。
- ●子どもたちをグループに分け、いくつかの音で３つの短い旋律を作る。
- ●各グループに作品を演奏させ、それぞれの場面でどのような雰囲気が作られているか話し合う。

ステージ３：アイデアを洗練されたものにして、必要な技能を発展させる

　このステージの特徴は、アイデアの意味を明確にし、洗練されたものにする批判的な判断の適用と、成功するために必要な技能を発展させることである。

　前段階の「アイデアを演奏する」過程を経て、ヒエラルキーが出現し、この過程は第３段階になる。いくつかのアイデアは子どもたちの想像と熱狂を掻き立て、他のものは捨てられる。アイデアは洗練され、発展し、応用される。演奏において、いくつかの演奏方法は捨てられ、好ましい解決が現れる。作曲活動を行う児童は、同じ過程を通る。すなわち批判的聴取と評価をしながらどのようにすれば選んだアイデアが改良され発展するかを決める。

　アイデアをコントロールし、洗練させるということは、現在の技能を改良し、望ましい結果に向けて新しい技能を発展させることである。個人的な技術の熟達が目的になるのではなく、音楽的な効果に到達する技能に焦点化することを常に保証する。

ケーススタディー：月面着陸　パート 3

　様々な音を探究し、クラスは作曲活動の基礎的要素となる音楽アイデアの「作業パレット」を選び洗練していく。今日の授業の焦点は、月に着陸した後、スペースシャトルのドアが開くのに適した音を確認することである。

　子どもたちは先週の授業で行った図形表現やオーディオクリップに立ち戻り、「耳障りな音」に最も適していると思われるアイデアを選択する。音は G 線の駒に近い部分を、弓を速く動かすことで出し、ペアで音のモデルを作り、皆が加わる前にどのように演奏するかを説明する。他の児童は、最初は静かに音を鳴らし始め、次第に大きくすることを提案する。教師は、それはクレッシェンドであると説明する。

　次に児童はクレッシェンドの後、急に静かになって、シャトルのドアが開いた後の静けさを描写すべきであると提案する。皆、これは上手くいくと納得する。提案した児童が指揮をして、皆が一斉に止まることでクラスが同意した。

活動 10-3　音楽のアイデアに関する実験

　活動 10-2 からの続きである。
- ●クラスでどのグループが雰囲気に合った旋律を作ることができているか話し合わせ、学習している作品と合っているものを 2〜3 個選ばせる。
- ●再びグループで活動し、2〜3 個のバージョンを演奏させ、上手くいっているか尋ねる。もし手助けを必要としているのなら、教師の一人がグループに加わる。
- ●各グループで、クラスで演奏するバージョンについて選ばせ、効果的な演奏のためにはどのような技能が必要かクラスで話し合わせる。

ステージ 4：組織化、表現、結果の評価

　創造的過程の第 4 ステージに到達するまで、終着点は活動に焦点化されている。作曲や演奏を基本とした活動に共通することは、創造的過程の最

終結果を聴衆に披露するという公に共有することが含まれる。この行事に対する準備は、子どもたちを熱狂させエネルギーを与える。

　磨きをかけ、リハーサルを行うことにより、聴衆に伝えるという重要性を話し合うことが重要である。コミュニケーションは様々な演奏を統合させた特徴である。演奏の準備に時間をかけることは価値のあることであり、子どもたちは彼らの音楽の意味について話し合い、オリジナルのアイデアの一貫性を保つことに集中する。

　最終的に評価と熟考によって創造的過程を完成させる。ここで児童に対してステージ1で始めたことを考えるように勧めることもできる。これは子どもたちに目的にどの程度到達したかを考える機会を与える。評価自体は創造的活動として扱われ、子どもたちは問題を持ち可能性のある解決法について話し合う。結果を探究し評価するだけでなく、創造的過程そのものが評価されることが極めて重要である。子どもたちはクリエイターとしてどの程度活動できたか？教師は協働クリエイターとしてどの程度活動できたか？子どもたちはどのようにして先頭に立っていたか？質問に対する答えを考え決定することにより、教師と児童の成長を支えることになる。

ケーススタディー：月面着陸　パート4

　クラスで子どもたちは演奏の最中に月面着陸のビデオを見せたいと決めた。これはエピソードが映像と合っていて構造を与えているからである。彼らはクラス全体ですべてのエピソードを演奏する方法と、各エピソードを小グループで演奏する方法を試した。話し合いの後、小グループの移り変わりは単純にして、最初と最後の部分を全員で演奏することで一致した。

　最初のランスルーでは教師が進行を指示し、各グループが入るところの指示を与える。それから教師は黒板に「雰囲気」のワードリストを挙げる。各セクションで適切な雰囲気が作られているかどうか話し合う。各グループでしばらくの間各セクションについて練習し、グループリーダーが責任を持つ。次のランスルーでは、より上手くいくようになり、教師の指示への依存も減少する。

　音楽を録音し、ビデオのサウンドトラックとして付け加えた。教師は伴奏が付いていないビデオを再生し、それからサウンドトラックを付けて再生した。クラスで、音楽が付いているバージョンの方が力強いと一致し、結果に満足であった。

　最後は父兄に向けて演奏を行い、録音したものを学校のウェブサイトにアップロードした。

活動 10-4　実践における創造的過程

- ●最近クラスで行った演奏や作曲の活動、プロジェクトについて考えよう。
- ●この章で概説した創造的過程の 4 つのステージに活動をあてはめ、各ステージでどのくらいの時間がかかり、どのようなサポートが出来るか考えよう。

　次にこのような活動をサポートする際、どのように変化させるか考えよう。

結論

　Bruner によると、「できるだけ教育方法は子どもを自身で発見させるように導くべきである。」このようなアプローチの長所は、「子どもが自ら学ぶことを創る」（1965：123）ことである。

　本章では創造的過程を 4 つのステージに分けて探究してきた。私たちはこのような分類が人工的なものであるが、子どもたちが創造の旅を行く際、分析やサポートの有益な方法を与えるものであることを認める。これらの段階を認めることによって、創造的活動の計画は利益を得るのだけれど、それらが青写真として扱われたり、次の段階が始まる前に一つのステージが完了していなければならないことはない。作曲のプロジェクトを見るとこれらのステージの中身が分かるが、クラス全体の器楽及び声楽の教育においてステージがどのように反映されるのかを承認した。

　おそらく成功の鍵となる創造へのアプローチは共有である。教師が作り

出したいことを指導された児童はおそらく不毛の音楽経験をしている。自らの音楽的発見の旅に対してサポートされている児童は、成果を得てより豊かになるであろう。

参考文献

Abbs, P. (1989) *A is for Aesthetic: Essays on Creative and Aesthetic Education.* London: Falmer Press.

Bruner, J. (1965) *On Knowing Essays for the Left Hand.* New York: Atheneum.

Philpott, C. (2007) *Learning to Teach Music in the Secondary School.* London: Routledge.

Ross, M. (1980) *The Arts and Personal Growth.* London: Pergamon.

Wallas, G. (1926) *The Art of Thought.* London: Watts.

第 11 章
創造性と器楽の演奏技能の発展

Nick Beach

序

　楽器を演奏することは、人間の身体的、聴覚的、視覚的技能の組み合わせとして最も多くのことを要求される。楽器のスペシャリストの反作用として、音楽を創造したり創造的に表現したりする活動と切り離され、技術的な能力への近道として認められているドリルやルーティンによっている。これは教師が子どもに技能を受け渡す「単純な」プロセスとして見られている。それはあたかも教師が筆者に対してプロセスをかいつまんで言っているかのように！音楽を創造すること、創造性の中に根付く活動は、その指導と学習において皮肉にも非創造的となっている。

　創造性と技能の発展の関係性は複雑である。楽器を学ぶ主な目的は、音楽を作り出すこと、音楽的な意味を作り出し伝達することである。そのために、子どもたちは楽器の演奏技術を含む技能が必要となる。しかし、音楽を作り出すことと分けてしまうと、不毛な活動に陥るだけでなく、最初の段階で技能を発展させる機会を奪ってしまう。効果的に創造したものを伝えることが出来るための新しい技能を学んでいる子どもは、真の音楽的目的に対する理解が欠如したルーティンを繰り返している子どもよりも早く上達する。

> 私にとってピアノの演奏を学ぶことは、歩くことを学ぶのと同じくらい自然なことであった。私の父は足りないものは自然であるという強迫観念を持っていた。私は音楽的問題と技術的問題の境界線がない基本原理のもとで育てられた。（Daniel Barenboim 1999：88）

　本章では、子どもたちを創造的に活動させる支えとなる創造的学習につ

いて論じ、音楽的技能を発展させ、より深いレベルまで理解させる機会を
与える。
　本章の終わりまでに、どのようにすれば創造的学習に技能の発展をはめ
込むことが出来るか考察する。

- ●クラス全体の器楽の授業の中で、教師と子どもたちに伝統的なドリル的ア
  プローチの代わりに、楽器の技能の発展を提供する。
- ●子どもたちに音楽学習を超えてより音楽を自由に扱えるようにする。
- ●クラス全体の器楽及び声楽の授業において、仲間との創造的学習を奨励す
  る。

演奏することを学ぶのか、もしくは演奏するのか

　たいていの人々は私の行っていることは「チェロを演奏することを学ん
でいる」というでしょう。これらの言葉は2つの異なったプロセスがある
という奇妙な考えを起こさせる。つまり、1) チェロを演奏することを学
ぶ、2) チェロを演奏することである。もちろんこれはばかげたことであ
る。2つのプロセスは存在せず、1つである。私たちは行動することに
よって何かをすることを学ぶのである。(Holt 1977 : 10)

ケーススタディー：クラス全体の金管楽器と木管楽器の授業

　クラリネットとトランペットのクラスは、「C Jam Blues」を演奏して
いる。この曲はビッグバンドのスタイルであるが、2つの音しか用いな
い。彼らが演奏するとき、彼らはビッグバンドである。彼らはビッグバ
ンドのように動き、スイングする。限られた方法にも関わらず、彼らは
音楽家たるものを経験している。彼らの技術の発展は、もちろん部分的
であるが、1つのパートが全体を支え、目標そのものというよりは目標
に対する手段となっている。

　もし私たちが Holt に同意するならば、音楽において演奏することを学ぶということは演奏することと同じであり、私たちが「行う」ことのすべてが、音楽に関連することが必要不可欠である。2006 年のラジオインタビューで、Daniel Barenboim は「指は音楽的ではないものに対して動かされるべきではない」という見解を示し、Swanwick の「音楽を欲することは、私たちが演奏することの核心でなければならない」という信念を支持している。(1999) この両見解における含意は、私たちが子どもに勧めるものはすべて音楽に関するものでなければならず、それによって子どもたちは最初のレッスンから音楽家とは何かを理解し始める。彼らは音楽的判断に基づいて決定をし、聴き、可能性を探究する。

　次のケーススタディーに見られる、弦楽器の専門家とクラス担任が教えているレッスンにおいて、私たちは2つの起こりうる傾向について見ていく。

ケーススタディー：新しい音を学ぶ

　ヴァイオリンのクラス授業において、今までは開放弦の練習であったが指で押さえる音に入ろうとしている。教師は技術を示して見せ、クラスは開放弦のミとファの♯を交互に演奏し、サンバの打楽器の伴奏に合わせながら模倣する。ある子どもはとてもうまく出来るが、別の子どもは・・

アプローチ A

　3つのグループに分かれ、2つの音を用いた短いサンバスタイルのパターンを練習している。練習している間、教師はそれぞれのグループの所へ行き、サポートしたり質問に答えたりしている。子どもたちは残りの授業でこのパターンを演奏し、流暢に、調和して、リラックスした弓の持ち方で演奏した。授業はこのプロセスについてと、問題点は何であったかについて話し合って終わった。

アプローチB

　学校の先生が上手に出来ない子どもの手助けをしている間、楽器の先生が模倣練習を続けている。2つの音を使った曲はホワイトボードに貼られている。教師はどの音がどれなのかをクラスに示し、実際にやってみせる。手本を示すことと音を追う組み合わせを通して、だいたいの子どもは曲を合理的かつ効果的に学んだが、アプローチAに比べて子どもたちに流暢さやゆとりは欠けている。

　このケーススタディーでは、アプローチAの活動を、即興、創作、あるいは2つの組み合わせと定義することが出来る。しかし、ここで重要なことは新しい技能の発展は、創造的、音楽的な活動の中に組み込まれているということである。技術的なゴールは、子どもたちを学習のプロセスに引き込み、コントロールを与えるという創造的な手段によって達成される。どちらのアプローチもメリットはあるが、アプローチAの方がより豊かな音楽的経験をもたらす。アプローチAでは、JeffreyとWoods（2009：71）の言う、「活動、冒険する、経験、問題解決」に従事する。それは技能の発展のための明確な手段であり、音楽的な考えを効果的に伝える。アプローチBでももちろん技能は発展するが、発展のための根拠や、音楽の使用において明確さに欠ける。

　また、（アプローチAは）音楽的、創造的な観点が技術的なものや読譜よりも強調されているので、子どもたちがより音楽に集中できる点は注目に値する。音楽の演奏に含まれる楽譜の複雑さは計り知れないものであり、演奏者は細かな点に集中する。演奏者の集中を他に移し、客観的に聴けるようになれば、楽器を演奏するという身体性に気づく。

活動11-1　創造性と技術の発展について考えてみよう
- ●あなたが最近クラスで教えたテクニカルな技能と、あなたが教えたその方法について考えてみよう。
- ●あなたの指導はアプローチAとアプローチBのどちらを反映したものか考えよう。

●創造的な活動に技能の発展を組み込むために、再びこの技能を教え
るなら、何を変更しますか？

創造的学習

Craft（2005：55）は「革新、表現を促進し、子ども自らの考えを適用
することは、『創造的学習』の核心を形作る。そして、子どもたちを力強
く知識の生成へと引き込む」と述べている。創造的学習は1つの考えの新
興であり、規則通りの定義を持たない。そして次のような特徴が述べられ
ている。

●教師は指導者ではなく協働創造者であり、子どもたちが自らの学習を展開
出来るように支える。
●教師は常に子どもの想像や即興に携わる方法を探す。
●子どもたちが冒険する際、支える。「〜したらどうなるだろう」と問いか
け、前進し挑戦する。
●子どもたちは自らの、そして互いの活動を評価するよう促される。

創造的学習は、子どもたちにより深くて根本的な変化をもたらす可能性
を持っているが、子どもを支えるために教師がある程度の冒険をして勇気
を持つことが求められる。おそらく楽器の技能を伝統的に発展させる方法
とは反対の目的であるが、Barenboim や Swanwick の述べていることとは
矛盾しない。提案することは、子どもの想像性（イマジネーション）が技
能の発展も含めて音楽を作り出すすべての面と連動する環境を発展させて
いくことである。

ケーススタディー：木管楽器のクラス授業

　クラス担任と器楽教師は 1920 年代のジャズに基づいたプロジェクト
を企画した。器楽の授業において、子どもたちは 1920 年代のジャズ作
品と、典型的な旧来のジャズ様式による即興セクションに取り組んでい
た。美術の授業において、子どもたちはピカソの「3 人の音楽家」[1]という
絵画を見て、この作品がどのように構成され、作品における音楽家のコ
ラージュ表現はどのようになっているかについて話し合っている。

　この器楽の授業において、教師は「もしこの絵画の音楽版を作るとし
たら、何をしますか？」と問いかける。そして、小グループに分かれ
てこのことについて話し合う。数分後、一人の児童が「わかった！」と
突然言う。彼は、ジグソーパズルのような絵画の性質と、それが作品の
根底を成していることを関連付けた。この創造的な関連付けは残りのグ
ループのきっかけとなった。他のグループのメンバーは音を取り始め、
同時に演奏することを提案した。彼らはクラスの他の子どもたちにこれ
らのアイデアをフィードバックさせ、それが子どもたちの想像と独創性
に火をつけることとなった。アイデアは飛び込んでくる。一人の児童が
3 週間前にやっていたジャズの曲をやろうと提案し、この曲の断片を
使って、異なる方法で結び付けた。

　彼ら独自のアイデアに熱狂し、子どもたちはグループに戻って作品に
取り組み、15 分後には演奏し録音も行った。そして、彼らは絵画のア
イデアと構造をいかに効果的に表現したかについて話し合った。[2]

　つながりを作ることは創造的学習の重要な特徴である。それは子どもた
ちが現在の基礎の上に新しい知識を構築するという構成主義的な学習のた
めではなく、学習を深める際、想像性（イマジネーション）を利用するた
めである。このケーススタディーにおいて、児童は音楽領域の中と音楽領
域を超えた間で創造的なつながりを作っている。創造的であるということ
は、このようなつながりを作り出すことであり、訓練や繰り返しよりも、
クラリネットの技能の基本的な理解をもたらす新しい方法として、つなが
りを用いるということである。

> **活動 11-2　創造的学習の背景を作り出す**
> ●左記のケーススタディーについて「創造的学習」の特徴の点から分
> 　析しよう。教師が「協働創造者」として活動し、子どもの想像に携
> 　わる方法を探すにはどのように活動を発展させていけば良いのだろ
> 　うか？
> ●同僚（他の音楽家、他の創造芸術の教師）と、どのようにすれば同
> 　じようなプロジェクトが考案できるか話し合おう。計画するときに、
> 　創造的学習の特徴と関係させ、あなたの行うことが、創造的学習の
> 　特徴に好機を与えることを確実にしよう。
> ●これらの特徴を背景に授業の効果を評価しよう。

器楽のクラス授業における仲間との創造的学習

　前のケーススタディーで見たように、クラス授業の中で小さなグループ
に分かれて活動をすることは、創造的学習にとって理想的な環境を与える
ことになる。子どもたちは互いに協働創造者となり、互いのイマジネー
ションを利用し、互いの試みを支え、冒険し、結果を評価し、反省する。
技能の発展という観点からも利益をもたらす。

　　　●子どもたちは自らのレベルで活動することが出来る。
　　　●高い技能を持った子どもは、頼りになる。
　　　●仲間の手本によって目的を達成することが出来る。

　仲間との学習はイギリスにおける「Musical Futures」において広範囲に
わたって唱えられている。これは「より民主的な学習方法であり、仲間学
習を通したグループの中で技能を利用し、教師は専門家のマントを脱ぎ棄
てる。そして、生徒と教師が授業の中で共に内容と目的を構築していくこ
と」（D'Amore 2009：45）に基づいている。また、このような方法を通し
て、教師が指導者ではなく協働創造者である創造的学習の特徴を反映して
いる。
　このような方法を通して、小グループは特別な問題を探し求め解決する

技能を共有する場となりうる。問題は子どもたちによって作られ、解決を
探し求め、障害に出会い、サポートを得て結果に至る。

ケーススタディー：仲間との学習

　トランペットのクラス授業で、新しい音を学ぶために「トレアドール
マーチ」という曲を学んでいる。授業では前もって喚起される雰囲気を
書いたワードリストを作っている。そして今日の授業では、3つの音か
ら構成されるオープニングファンファーレのうち、2つの音はすでに学
習しており、「新しい音」を追加する。教師は5つのグループにクラス
を分け、それぞれのグループに才能のある児童を混ぜている。グループ
にはこのセクションを異なった方法で演奏して、リスト内の異なった言
葉と関連付けるという課題が出されている。彼らは一つの言葉と、この
セクションを演奏する方法を選び、クラスの他の子どもたちにそれを演
奏してみせる。授業では、表そうとした言葉はどれか、そして（言葉と
演奏する方法を）説明するために（技術的なものではなく）音楽的な言
語を使用する。2人の教師がグループを見て回り、必要に応じて技術的
なサポートを行う。あるグループでは、より高いレベルの技能を持つ子
供がいて、短い時間で教師からの要求に応えていた。

　このケーススタディーは、テクニック練習へのアンチテーゼとして技能
の発展へのアプローチの良い例となる。ここでプロセスは特別な技術的問
題の発展に内在する音楽的な問題の確認から始まる。教師は制限を設けてい
るが、子どもたち自身で問題を明確にしている。すなわち彼らが実現した
いと思った雰囲気を表現するために、どうやってこれらの音を演奏するか
である。子どもたちは問題を解決するために外部の専門的知識（教師）を
適切に頼りながら、協力をして作業をする。彼らのアプローチの成功は、
教師の称賛によるものではなく、問題を解決した成功によるものである。
すなわち授業の残りで選択した雰囲気について話し合ったことである。

活動 11-3　技術指導の際に創造性を組み込む
●あなたが子どもたちに伸ばしたいと思う技能を確かめること。
●音楽的に創造的である内容の中で技能を発展させるために、子どもたちが必要とする学習を組み込む。
●音楽的な目標を確かめ到達する際、子どもたちに対してどのような機会を創出し支えるかを決定する。

授業を行った後
●どのようにうまくいったか評価する。子どもたちは容易く自らの基準を見つけましたか？
●子どもたちが互いの学習をサポートできる創造的な方法をリストアップする。

結論

　音楽教師としての私たちの目的は、若い人たちに音楽家であるという経験が出来るようにすることである。つまり、音楽的決断が出来て、独特かつ有益な方法で自身を表現出来ることである。楽器を学ぶ際の技術的な挑戦は重要である。しかし、「グラドゥス・アド・パルナッスム」のアプローチでは、技術の発展は結果として起こるものであり、次のものに取り掛かる前に、それぞれの技術が鍛えられる。学習者にとってこの効果は、一連のハードルのようなもので、次よりも高くなり、もっとも高いものへ飛んで、パルナッソスでの報酬を得ることが出来る。

　音楽を創造する際の技術や技能は複雑で、正しい方法があること、または限られた正しい方法があることを私たちは知っている。創造的学習とは、子どもたちが好きなように演奏することが許されたり、数世紀にわたって構築された効率的な技術を学ぶことを捨てたりすることではない。子どもたちは音楽的な考えを伝達するために楽器を効果的にコントロール出来る必要があり、私たちはそのコントロールを容易にする身体的必要条件について多くを知っている。

　しかし、創造的学習が私たちにもたらすものは、技能の発展が「子どもたちに新しい知識を得る機会を与える」という創造的な衝動によってもた

らされる新しい道である。(Craft 2005) しかし、この新しい小道を行く
ために、教師は冒険し、予想もしない結果を受け入れる必要がある。もし
も、私たちが子どもたちの学習（の制御）を手助けするなら、私たちは学
習の結果（の制御）も手助けしている。私たちの役割は教師としてではな
く、学習のファシリテーター、あるいは学習をサポートする足場の建設者
である。しかし結果が不確実であっても、創造的音楽学習に活動的に取り
組む子どもたちが、音楽家であることに対してより深い洞察を得られるよ
うにすることは確実である。

注

[1] http://en.wikipedia.org/wiki/Three_Musicians を参照。
[2] The Open University and Trinity Guildhall Key Stage 2 Music CPD Programme か
ら出典。

参考文献

Booth, W. (1999) *For the Love of it*. Chicago: Chicago University Press.

Craft, A. (2005) *Creativity in Schools: Tensions and Dilemmas*. London: Routledge.

D'Amore, A. (ed.) (2009) *Musical Futures: An Approach to Teaching and Learning*.
London: Paul Hamlyn Foundation.

Holt, J. (1977) *Instead of Education*. London: Pelican.

Jeffrey, B. and Woods, P. (2009) *Creative Learning in the Primary School*. London:
Routledge.

Swanwick, K. (1999) *Teaching Music Musically*. London: Routledge.

第 12 章
創造的成長の認識

Philippa Bunting

子どもたちは経験や聞くことによって話すことを学ぶ。子どもたちは経験や聴くことによって音楽を作り出すことを学ぶことが出来る。(私たちがやめなければ!)「学習の誘い」でいっぱいの環境に子どもたちを置き、知識はもちろん大人から励まし共感的な態度を彼らに示す。すると驚くべきことが起こる。とりわけ感覚の知覚が芸術の中心にくる。未知の海に船出する勇気は持っていますか? (Emma D. Sheehy in Acker 1990)

想像は知識よりも重要である。知識は私たちが今知って理解していることすべてに限られるが、想像は全世界を含み、これから知り理解することすべてである。(Albert Einstein in Sheikh 1984)

序

　試みること、聴くこと、想像力の行使の3つは、音楽の学習においてもっともエキサイティングな要素である。そして、音楽に携わる初めての段階においてモチベーションを与える。冒険、革新、探究、選択、組織化といった創造的な行動の実行により、創造的な成長と創造的な思考法や行動法の発展は、純粋に音楽性を超えて広がっていく。クラス授業による器楽と声楽の環境は、子どもたちにこの過程で新しい方法に従事する豊かな機会を与える。
　本章の終わりまでに、創造的な活動が教師を通じていかにして「クラス全体の器楽及び声楽の教育」(WCIVT)の自然な一部分になるのかについて考える。

　●創造性が花開くような環境を育成する
　●創造的な教室の中で信頼と尊敬を確立する

●授業の中で創造的な流れを促進する
●即興、作曲、鑑賞、反応をまとめる
●他の芸術形式を取り入れる
●創造的成長を認識する

創造性が花開くような環境を育成する

　子どもたちは生来創造的であり、子どもにアイデアを求めることは、水門を開けたような環境である。注意深い考えを求めることは、言い表されたすばらしいアイデアを組織して、いかにサポートするかである。教師は創造的な行動の発展をいかに促進するかについて考える必要があり、クラス全体の経験が1、2人の個性の強い者によって支配されないように、すべての声（実際の声と音楽的な声）を聞くことをいかに保証するかについて考える必要がある。

　初期段階において、音楽において創造的に活動することは、既に親しみのある音楽的素材を声や楽器を用いて巧みに操ることを含む。歌詞を変える、音楽作品の音高やリズムを変えることは、異なるテクスチュアや雰囲気を探究して変奏を作ることである。そして、オスティナートを即興で作ったり伴奏を付けることにより、2部形式、または3部形式のさらに進んだ作品を作って、中間部分を作る。これらのことは音楽素材に対して子どもたちの自信を形成し、より大きなスケールの創造作品の基礎を築く。このように音楽と携わることは、音楽は活動的に携わるもので、単に受動的に再生産するのではなく、エネルギッシュな探究者、熟練した構成者となり、自らの音楽風景を作ることを子どもたちに示す。

ケーススタディー：単純な歌を探究する

　子どもたちはりんごの木という単純な歌を学んでおり、自信を持って歌っている。彼らは歌の一部を楽器で演奏し、「りんご」という歌詞と、メロディーの断片を結びつけ始めた。彼らはこの断片を何度も演奏し、音高、リズム、他の音楽的特徴を変えながら、変化の効果を評価し、アイデアの山を築いた。そして彼らはこれらの断片を合わせて重ねて演奏

し始めた。彼らは雰囲気のアイデアについて話し合い、誰がいつどこで
この歌を歌うかについて話し合っている。

　ここで鍵となる特徴は、子どもたちが探究していることである。自信を
持って単純な歌との関係性を発展させ、袖をまくりあげながら、後の音楽
創造のための基礎として用いる音楽の要素を複雑にしている。この段階で
は応答（レスポンス）は個人的ではあるが、呼びかけと応答の構造が集め
られると、クラス全体でアイデアを試してみる。

　このタイプの活動はすべて、音楽を作る活動に移行する時は素早くする
必要がある。出来るだけ音楽は多く、話すことは少なくする必要がある。
教師が創造的な行動に従う時、活動はもっとも成功するだろう。影響を過
度に与えようとせずに音楽的な旅に参加し、未来に創作が積み上げられる
ように、子どもたちが行ったことを精査し評価する機会を持つと活動は成
功する。

活動 12-1　単純な素材の創造的可能性について探究しよう
- 上記のケーススタディーで示された活動と同様の出発点で、名前、
　場所、動物等の特徴があるような単純な歌を見つけるか作曲しよう。
- リズムとメロディーの断片が一連の方法で結びつけられ創造的に作
　られ、言葉を組み合わせた音楽に発展するような授業を計画しよう。
- 創造的な行動を手本にして、あなたはこのような活動をいかにサポー
　トするか考えよう。

創造的な教室の中で信頼と尊敬を確立する

　創造的な旅は教師と児童、教師と他の同僚、子どもたち同士の間に良い信頼と尊敬を含んでいる。最初から基本ルールを確立することが重要である。すなわち皆の貢献に対して注意深く聴くこと、尊敬することである。すべてのアイデアは子どもたちから出されるべきであり、教師はファシリテーターとして働く。教師が子どもの貢献に対してどのように対応するかを注意深く考えることは重要である。「いいね」や「上手ね」は究極に役に立たない独断的な評価であり、「面白い」「興味深い」「思慮深い」といった言葉は判定的ではなく子どもの提案を支える。

　称賛は音楽そのものの固有の質よりも、子どもたちがいかに音楽に反応しているかに関係すべきである。子どもたちからの生産的な考えは、音楽経験が少なく先入観のない状態で積み上げられ、特定のスタイルやジャンルといったすぐに学べるような「音楽的常套句」にたよらない。

　すべての貢献に対して評価して反応し、子どもたちの行動を促すことを覚えていよう。単なる個人的な好みや考えを反映したものではないフィードバックを与える技能は有益であり、活発な聴取の技能を素早く築き上げる。

ケーススタディー：創造性の枠組みとして数を数えるシステムを用いる

　子どもたちは数える方法について異なった考えを持っており、他の授業で（数える方法について）教わっている。学校はケルト族の文化がしみ込んでいる地域なので、音楽作品を作る出発点として、Birtwistle（ハリソン・バートウィッスル）の室内オペラ "Yan Tan Tethera" で用いられている羊を数える5進法のシステムで教師は教える。

　前置きの授業では5つのパターンを組み合わせた身体活動から始める。真似る活動であるが、動きと声を使って常に5拍子で表現的である。

1	2	3	4	5
膝	鼻	Tu-	-rn	休
左	右	Sh-	-i-	-mmy
Brrr-	-brrr	休	休	Bing!

　子どもたちは5拍子の構造で、手拍子もしくは発声を行う。

1	2	3	4	5
休	手拍子	手拍子	休	休
手拍子	休	休	手拍子	手拍子

　子どもたちはグループに分かれ、楽器や声を使い、互いに支え合いながら、パターンの内の一つを練習し、考えを共有し、枠組みの中で創造的に活動しながら短い即興を作る。翌週、作品の長さは引き延ばされ、以下のような様々な方法で創造的になっている。

●異なる強弱を使用する。
●クライマックスを作って劇的に中断する。
●グループを指揮する子どもたちを使って、それぞれのグループの提案を創造的な方法で層に作り上げる。
●声や動きを加える。

　教師は子どもたちの提案について話し合う時は言葉の使い方に注意し、子どもたちに試したり、冒険させたりして自信を与える。

　一目見て、どうしてこのケーススタディーが「信頼と尊敬」のモデルになるのかを尋ねるかもしれない。数を数えるゲームは子どもたちが即座に理解しやすく、全員が上手にできる出発点を与え、確実性がある。子どもたちの創造的な提案は初めは小さいが、次第に提案が評価され重んじられるサポート的な環境になる。ケーススタディーは信頼や尊敬が言葉の使用のみならず、すべての方向から学習をサポートする方法を示している。

活動 12-2　信頼と尊敬の環境を育成しよう
　●前述のケーススタディーにおける数を数えるシステムは、創造的な活動の枠組みを提供する。あなたのクラスで同じ方法でできる他の構成を考えてみよう。
　●皆の提案に価値があるような環境を提供する構成をどのように利用すればよいだろうか？
　●互いの提案について話し合う際、子どもたちに自信を与える言葉はどのようなものか考えてみよう。

授業の中で創造的な流れを促進する

　創造的な活動は必ずしも論理的なステップで進むものではなく、簡単にやって来るものでもない。グループによる自主的な活動は精巧な交渉技術を取り入れる必要がある。とりわけ、2つのこと、すなわち教師や特定の

子どもが話し過ぎることによって創造的な活動は頓挫し、高いモチベーションや音楽的に熱狂していたグループの動力に損害を与える。

　大きなグループやクラス授業の中で流れるという感覚に達するために、教師は上手なファシリテーターでなければならない。板金を伸ばすようにグループを設定する一方、介入したり前に押して進むことに手を貸す。介在によってすべての考えが流れ、提案が結びつく。また（作曲を協働で行うとすぐに込み合ってしまうので）静寂も有効な手段である。そして、提案された演奏を聴いて、フィードバックを与える。

　教師が行う他の手段は、ある意味を持つカードであり、滞っているグループを前に押し進める。これらは図 12-1 のように単純で抽象的な図形であり、言葉を形に表している。

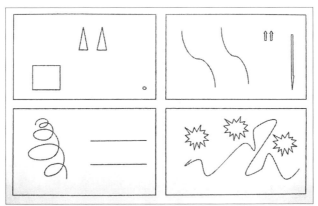

図 12-1 音楽的な創造性のための抽象的な図形

　もっとも効果的で迅速な方法は、時々教師が子どもたちの音楽活動に加わり、対等に自らの考えを与えることである。

　最後に、流れに対して不利に作用するかもしれないが、演奏する前に短い時間を取り、教師や他の児童によるフィードバックを行うことで、自信が得られ短期間で聴くに値するものが作り出せる。

　上記で略述した方策は、次のような可能性がある。

　●偽りのない関係性が生まれ、創造性は閉ざされたドアの向こうで起こるも

のではなく、完全に形になって現れる。
- 子どもたちを大人や他の芸術家を含む共同体に参加させ手ほどきを受けさせる。
- 積極的で鋭敏な聴取を必要とする。
- 子どもたちに、音楽作品について説明し、反応し、建設的なフィードバックができる技能を育てる機会を与える。

　子どもたちに創造的な活動を行わせている際に潜む落とし穴とは、子どもたちの作品が楽器の明らかな特徴に基づいた音の羅列に過ぎない構成になり、探究を続けていることによって同じような結果になることである。このような場合、もし音楽的な考えが進歩していないことが分かったなら、子どもたちはすぐ不満を感じるであろう。

　この自然な傾向に対処する方法はいくつもあるが、むしろこの自然な出発点から事を動かす。もし初めから終わりまで結果の質、生み出し組織した実際の音の質に焦点をあてるなら、ぼんやりとしたいたずら書きや、魅力ある音楽経験を損なう不適切な音はすぐに止まる。もし教師がファシリテーターとして子どもたちの傍で音楽に参加する意向を示したなら、与えられたモデルは貴重である。（創造的な活動が）進行中の作品を聴く際、仲間や教師から建設的なフィードバックがあると磨かれ、確実に教室の水準が上がる。

　　活動12-3　効果的なモデリングとフィードバック
　クラス授業による器楽レッスンにおいて、短期間の創造的活動を計画しよう。そして図12-1のような抽象的な図形をもとに小グループで短い即興や作曲を行おう。以下の点に注意して考えよう。

- 活動のモデルを示し、音楽活動を行う子どもたちを支えるには、自らの音楽技能をどのように使えばよいか？
- 子どもたちの支えになり、より進歩するために、あなた自身や他の子どもたちのフィードバックをどのように組み立てていくか考えよう。

即興、作曲、鑑賞、反応をまとめる

　前のセクションで、「音楽の要素が散らばった状態」をどのように理想的な創造活動にしていくのか、そのアイデアについて言及した。聴く人、即興する人、演奏する人というように音楽的な役割を区別しながら音楽的素材に向き合うことは難しい。むしろ、作曲、即興、演奏、鑑賞は統合的な方法で音楽として構成されており、すべての活動が連動している。しかし、聴くことはすべての音楽活動の中で鍵となる要素である。注意して批判的に聴くことを学習することは、学習者が自らの考えを発展させ、仲間の考えに反応する技能である。現在の活動に聴くことを取り入れ、言語と音楽で応答していくことは容易であり自然である。しかし、聴くことは、子どもたちの活動との関係で重要なだけでなく、他の音楽家がどのように様々な刺激に応答し、新しい音の世界を経験しているのかを聴く意味で重要である。

> **ケーススタディー：ハイドンの交響曲「驚愕」を創造的な刺激として用いる**
>
> 　子どもたちはハイドンの交響曲「驚愕」よりアンダンテの冒頭を聴いている。彼らは驚きの要素を確認し、（楽器の音程が適切であれば）レコードと一緒に演奏するか、教師が提示した別の伴奏で演奏する。
>
> 　彼らは驚きの要素を作品中に取り入れる別の方法について話し合い、どのようにしたら音楽的な期待が生じ、狼狽するかについて話し合う。彼らは、急に静かになる、テクスチュアが急に変わる、合図によって繰り返されるパターンが変わるといったアイデアを考える。
>
> 　小グループでアイデアを探究し、驚きの要素を入れた短い作品を作る。彼らは「驚き」の要素を確認せずに互いに演奏し、代わりに仲間が聴いて驚きの要素を見極める。

活動 12-4　創造性の刺激として音源を用いる
- ●創造的活動の刺激として強く、はっきりと分かる音楽的特徴のある音楽作品を選ぼう。
- ●その音楽的特徴はどのようなインパクトを持つのかクラスで話し合おう。
- ●小グループで同様のインパクトが他の方法で得られるような作品が作られるように子どもたちをサポートしよう。

他の芸術形式を取り入れる

　物語がいつも音楽活動の出発点にあるわけではないが、物語は子どもたちが活動を広げることを助け、**WCIVT** において小グループで活動していて、異なる考えをつなぐ有益な枠組みを提供する。あるキャラクターは旅と結び付けられ作り出され、子どもは演奏に導かれ、旅を実行に移すと共に、旅を案内する。子どもたちは楽譜の形式を使って、異なる舞台を表現する芸術作品のシリーズを作る。キャラクターが経験するように、例えば先の尖った森、石を飛び越え、恐ろしい城の庭へ行くといったことの感情や音色を話し合う余地は十分にある。

　子どもたちは短い映画のサウンドトラックに夢中になるかもしれないが、アクションシーンの単なる音響効果で使われているなら注意が必要であろう。アクション物よりは抽象的なものの方が良く、子どもたちはテレビや映画で使われている音楽を頭の中で高度に再生して聴く。異なったレベルの子どもたちには、異なった部分の活動を与え、例えば映画のスチール（宣伝用に映画の一部を写真に撮ったもの）のコピーに反応したり、経験のある子どもはより複雑で拡張されたシーンに責任を持つ。このシナリオの中で、教師は音楽家として関係し、関連する素材を与えたり、子どもたちに彼らの意欲を気付かせる。

ケーススタディー：カンディンスキーの絵画を用いたクラス授業による器楽のグループワーク

　カンディンスキーの絵画から活動を行い、子どもたちはまず全体を捉えるか、それとも別々の部分に分けて音楽にするかを決める。彼らは絵画の第一印象から何かを作り出すのか、芸術作品に沿った物語を作るのかを決める。特徴について考え、端から中央に移動し、ある一つの特徴から別の特徴へ注目する。彼らは対照の特徴があるか、互いに劇的な関係の特徴があるのか決める。

　活動をしていると、子どもたちは絵画との関係を築いていき、絵画に応じた音楽がついに出来上がったとき、（絵画は）見慣れたものになる。

　次の授業では音楽はさらに発展し、音楽的になるように表現方法を探究し、発明した音を反映したものは成功している。子どもたちは最初の刺激としてのカンディンスキーよりもむしろ自らの絵画を演奏するという方に進んでいく。

創造的成長を認識する

　本章で提案した活動は、初心者だけに適するものでも、より卓越した演奏者にだけ適するものでもなく、すべての経験値の子どもに対応するものである。一つの活動における結果の幅は、非常に多様である。

　まず、子どもたちは音楽に限らず他の分野で経験した遊びのような活動から始め、創造的成長は以下の項目が増加することによって進行する。

> ●自信　●コントロール　●表現性　●イメージした音楽を実際のものに調和させる能力　●背景への感受性　●批判意識　●自身の活動や他者の活動を反省する能力　●評価する能力、確信や識別力が増加したという評価結果を述べることが出来る能力

　多くの人が議論するが、複雑性はまた別の要因で、もし音楽が単純性を求められているなら、複雑性そのものは後退する。このような理由から複雑性は上記のリストから除外されているが、もちろん考慮されるべきである。

結論

　QCA（Qualifications and Curriculum Authority）[1] の 文 献 *"Creativity: Find it, Promote it"*（2004）によれば、創造的思考と行動の特徴は以下のように明らかにされる。

- ●慣習や仮説に対する疑問と挑戦
- ●普段は関連のない物に対して独創的なつながりや関係を持つ。
- ●イメージについて心に描く。心の目で見る。
- ●新しいアプローチに挑戦し続け、選択肢を広げる。
- ●考え、行動、結果に対して批判的に反省する。

　特定の音楽について次のような活動の上にこれらの考えを描いていくことは容易である。

- ●音楽の慣習を疑い、音楽素材を巧みに扱い再編成することによって自信を得て、楽しい探究の精神でその素材を使って即興を行う。
- ●新しい音を結びつけ刺激としながら、革新的な方法で組織化し再結合した音楽を作曲する。
- ●音楽的な結果を心の内で聴き、楽器や声を使って音を認識しながら活動する。
- ●制限のない課題（とりわけハーモニー）によって幅広い音楽的な反応を許容する。
- ●進行中の演奏に対して時々音楽的な効果を話し合う機会を設け、積極的なフィードバックを行う。

　音楽創作を行っている教室は騒々しく、ワークショップは音で溢れている。しかし批判的な聴き方が成長したり、音楽、楽器、自らの音楽的かつ創造的な声との関係性を高めることによって、本来備わっているモチベーションを与え、活動から得る利益は莫大なものである。子どもたちが音楽のジェネレーターや演奏者としての自信を得るにつれて、想像と増加する経験とを結びつけることを学習し、学習によって動機を与えられ責任を持つ自立した音楽家になる。自らの音楽的意味を積極的に創造する人にな

り、新しい挑戦的で積極的な空間で活動し、教師とともにまだ知られていない大海に乗り出していく。

参考文献

Acker, G. (1990) *Music Quotes* (www.the-improvisor.com/muquotes.html).
QCA (2004) *Creativity: Find it, Promote it*. London: QCA.
Sheikh, A. (1984) *Imagination and Healing* (Baywood Publishing Company) or http://thinkexist.com/quotes/albert_einstein

推薦書

Koestler, A. (1964) *The Art of Creation*. London: Allen and Unwin.
Mills, J. (2005) *Music in the School*. Oxford University Press.
Nahmanovitch, S. (1991) *Free Play. The Power of Improvisation in Life and the Arts*.
　　New York. Jeremy P. Tarcher/Penguin.
Swanwick, K. (1999) *Teaching Music Musically*. London: Routledge.

資料

Musical Futures (https://www.musicalfutures.org)
Sound Junction (https://www.soundjunction.org)

注

[1]　現在は Qualifications and Curriculum Development Agency

第5部
コラボレーション

場面設定

Julie Evans

　単純な言葉であるコラボレーションは、共に活動することを意味する。コラボレーションは「クラス全体の器楽及び声楽の教育」（WCIVT）の見地からとても重要である。なぜなら大きなアンサンブルグループで音楽を作り出すことは多様なコラボレーションに依拠するからである。異なった機関が協力して子どもの音楽的な学習経験を発展させる時、これらの経験は大なり小なり統合される。そしてコラボレーションに関する章はこれらの統合と密接に関連している。「クラス全体の器楽及び声楽の教育」と学習について考える際、誰と協力して活動し、どのようにしてコラボレーションが効果的に行われるかを確立することが重要である。

　クラス全体の児童が演奏や歌を学ぶため、リソースといった実用的なものだけでなく、学校の音楽生活もまた、学校全体に強い影響を与える。学校の校長と上級管理職が完全に指導と学習を支え、すべての実践者と協力することが必須である。これは Southworth、Nias、Campbell（in Pollard 2002 : 349）が「コラボレーションの文化」と呼ぶものを確立、維持するだけでなく、カリキュラムやタイムテーブルの変更といった重要かつ必要不可欠なことを促進する。3名の著者は学校のコラボレーションの文化は以下の4つの相互に作用する信念によって築かれると提案する。

- ●個人を尊重する。一人として、そして他者に貢献するために
- ●相互依存を尊重する。—グループに所属し、チームとして活動する。
- ●安定を尊重する。
- ●開放性を尊重する。

　相互依存を尊重することこそが、効果的なコラボレーションを確立し維持する鍵となる。学校における「コラボレーションの文化」について

Southworth、Nias、Campbell は次のように述べている。

> スタッフは個人的に人として互いに尊重される。また、各自のアイデンティ
> ティ、個性、興味、技能、経験、可能性も尊重される。さらに、彼らは学校
> に持ち込んだ多様性を正しく理解する。同様に相互依存は2つの側面を持つ。
> メンバーが共に1つのグループを作ることは価値がある。なぜならグループ
> は所属しているという感覚を与えるからである。同時に学校の活動のため
> に共通の責任感を受け入れ、助け合い、励まし、お互い取って代わるような
> チームの感覚を作り出す。(Pollard 2002 : 350)

　これらは、効果的なコラボレーションの条件として提案されうる。効果
的な「コラボレーションの文化」は既に学校の中に存在するが、クラス全
体の器楽の教育と学習においては、協力的な共同体は現在の学校のスタッ
フを超えて広がることを意味する。クラス授業による指導は、学校に存在
するスタッフではない「専門家」によって導かれるだろう。この専門家は
音楽サービスからの器楽と声楽の教師、個人教師、地域の音楽家やワーク
ショップのリーダーであるかもしれない。この専門家は明確に彼らのアイ
デンティティ、個性、興味、技能、経験、可能性をもたらす。これらは児
童のクラス担任とは全く異なるが、Southworth 他によると、これは問題
というよりは力として考えるべきである。(前掲)
　「クラス全体の器楽及び声楽の教育」は、児童の経験を統合することを
意図している。これはクラス担任が学習過程において児童と共に学ぶ必要
があることを意味する。このことによって、器楽と声楽の学習は追加では
なく、児童の音楽カリキュラムに関連することを保証する。ある学校で
は学習サポートアシスタントは、「クラス全体の器楽及び声楽の教育」に
おいて完全に関わり、良い効果を生み出している。Glover と Young は次
のように指摘する。「もし学校の信念が音楽はすべての子どもたちのため
であるというならば、学校内の大人の中でも支持されなければならない」
(Glover and Young 1998 : 7) このようなモデルは訪問音楽家、クラス担任、
サポートスタッフのコラボレーションを可能にする。
　コラボレーションは学校を越えて広がるため、協働的なモデルの中で
は、児童の音楽的な興味は、より幅広くなる。この統合された経験は、児

童にとって役に立つ。「もし学校が学校を越えたより広い地域で子どもたちが出会う音楽を生かそうとする音楽精神を確立するなら、子どもたちの音楽的経験と学習の質が高められる」（Glover and Young 1998 : 5）

　学校の内外における実践者のコラボレーションには2方向のプロセスがある。児童は経験を学校から地域へ持ち出すことができる。例えば児童は地域のアートフェスティバルにて演奏することができる。逆に、児童は音楽経験を学校の外から中へ持ち込むこともできる。例えば、児童は地域のタブラー奏者やゴスペルシンガーとして経験を得て、その経験の良さを学校の中で利用するに違いない。クラス全体の器楽及び声楽の学習とカリキュラムとの間につながりをもたせるために、コラボレーションを発展させることは重要である。例えば、児童が作曲をしているときに、成長しつつある器楽や声楽の技能を使うことができる。

　コラボレーションのこれらすべてのモデルは、実践者に対して児童の音楽学習が効果的になることを確実にするために計画に時間を費やすことが求められる。実践者はねらいや目的が明確に共有されるように交渉することが必要である。例えば、以下のような異なった協働的な指導モデルを考える必要がある。

- 1人の実践者がリードし、他者は支える。
- 1人の実践者がリードし、他者は特別な児童のグループと共に活動する。（例えば才能がある児童や特別な支援が必要な児童）
- 各々の実践者が授業の特別な部分において責任を持つ。
- すべての実践者が共に活動し、適切な時や児童に見本を見せるために演奏する際、分け隔てなく責任を持つ。

　最終的に、児童が協働的に活動する機会を与えられることが必須である。Bruner は次のように述べている。

　私は次第に大多数の学習が共同社会の活動であり文化の共有であると認識し始めた。子どもは知識を自らのものにするだけでなく、文化に所属する感覚を共有する共同体の中で知識を自らの物にしなければならない。（Bruner 1986: 127）

　このセクションの最初の章は Tim Palmer（Julie Evans と Gary Spruce
と共に）が学校を越えたパートナーとのコラボレーションについて論じ
る。次の章では Rita Burt が２人またはそれ以上の教師による協働的なア
プローチをどのように計画するか、そしてその計画には何が含まれるかに
ついて考える。

参考文献

Bruner, J. (1986) *Actual Minds: Possible Worlds*. Cambridge, MA: Harvard
　　Educational Press.
Glover, J. and Young, S. (1998) *Primary Music: Later Years*. London: Routledge.
Pollard, A. (ed.) (2002) *Readings for Reflective Teaching*. London: Continuum.

第 13 章
学校を越えたパートナーとの協働的な音楽の指導と学習

Tim Palmer with Julie Evans and Gary Spruce

序

　異なる背景や、幅広い指導の経験や内容を持つパートナーと仕事をすることは、関連するすべてのものを豊かにし、価値があるものにする。本章では、とりわけ学校、訪問芸術家、芸術団体がどのようにコラボレーションして子どもたちの音楽教育を豊かにするのかについて焦点をあてる。私たちは「クラス全体の器楽及び声楽の教育」（WCIVT）において、教師と訪問芸術家とのコラボレーションの影響について考察する。私たちはこのようなパートナーシップの価値と実用性について、そしてどのようにすれば携わる人すべてが彼ら自身から最善のものを得ることができるかについて見ていく。

　本章の最後までに、私たちは以下の質問について考察する。

- ●学校を越えたパートナーとのコラボレーションにおいて、将来的な利益とは何か？
- ●成功するコラボレーションが起こるにはどのような状況が必要か？
- ●どのような種類のコラボレーションをどのように確立したらよいか？

学校を越えたパートナーとのコラボレーションにおいて、将来的な利益とは何か？

　コラボレーションとパートナーシップはもはや追加的な贅沢ではなく、成功する学習環境の鍵となる基礎的要素である。学習そのものがパートナーシップの活動であるが、学んだ技能もしくは知識の学習が忘れられないほど結び付けられている状況への共振、すなわち感情と内容の関係性の

共振を吹き込む。John-Steiner は以下のように述べている。

> 個人は他者との関係性を通して学習し、創造し、卓越に到達する。共同活動
> から出たアイデア、道具、過程は自分のものになり、個人の次の成長の基礎
> になる。(John-Steiner 2000：5)

　個人的な知識と理解（音楽的と教育学的の両面）は協働で組み立てら
れ、社会的相互作用から生じると認められている。ゆえに協働活動は肯定
的にも否定的にも関係する人すべてに影響を与える可能性があるというこ
とを認めることが重要である。

　本章の後半は、コラボレーションがすべての人にとって肯定的で利益の
ある経験であることを確実にするために必要な条件を考察する。しかしそ
の前に、音楽の授業において訪問芸術家と共に活動する際の学校側の利益
について探究する。

音楽の共同体との再結合

　音楽の授業に訪問芸術家がいることによって、彼ら（プロの音楽家もし
くは地域の音楽家）は学校の外でなされている児童の音楽活動との「再結
合」を創造する。いくつかの事例では、この再結合は子どもたちが既に地
域の中で関わっている音楽活動となり、また別の事例ではより広い音楽の
世界になるであろう。

　歴史的に学校の音楽と子どもたちが参加する地域の音楽（例えば教会の
グループ、ブラスバンド、家庭内での音楽）とは断絶があった。子どもた
ちにとって、音楽的、社会的にもこのような関わりを見つける機会は必要
である。例えばワークショップに参加したり、演奏の場をシェアしたりす
ることである。異年齢のグループ、多様なレパートリー、これらのアンサ
ンブルを作る「現実的な世界」は、参加している子どもたちに多様性と高
い期待をもたらす。地域のグループ、オーケストラ、ロックミュージシャ
ン、新しい音楽組織との再結合は、Everitt の言葉を借りると、失われた
共同体の感覚を取り戻す可能性である。(1997：100) 共同体の感覚とは、
共有された見識と音楽教育の価値を高めていく可能性である。

活動 13-1　地域の音楽家と連絡をとる

あなたの住んでいる地域で活動している音楽家を見つけよう。地域で普段演奏している様々なジャンルのアンサンブルや個人のリストを作ろう。その音楽家たちに連絡をとって、あなたの WCIVT のグループとともに、グループの性質を刺激するような演奏を設定しよう。例えば

・ロックバンドはバスの反復（リフ）に基づいた曲を演奏し、ベースラインの繰り返しを用いた作品にしていく。
・フォークミュージシャンは五音音階に基づいた曲を歌うか演奏し、五音音階や五音音階のいくつかの音を使った作品にしていく。
・弦楽四重奏は広範囲な技能を使った作品を演奏し、子どもたちが楽器や声で音を出して、型にはまらない（しかし害にならない）方法で、1つの作品にしていく。

　音楽家が児童に対して提供できることについて音楽家と交渉しよう。単純に児童の前で演奏することに加えて、音楽家は彼らの楽器や声で、児童が行うことの真似もする。音楽家は児童が弾き方について理解する前に、彼らが見たこともない楽器を試すこともできる。児童は将来の授業に向けて曲を作るかもしれない。（これは図型楽譜やリード・シートによって児童に示すことができる）

　最初の授業を使って、児童に聴衆の技術を身に付けさせる。これは、彼らが適切に聴くことを学ぶことを含む。（例えばある場ではしゃべらない）児童へ音楽家に対して質問を明確に述べることを勧める。（例えば、楽器の適切なピッチの幅、楽器へのダメージなく技能を伸ばすこと）演奏の授業は独立した一度限りの機会ではなく、他の活動のために準備され導かれる。

特別な音楽の技能をもたらす

　ある一部の学校の教師は正式な音楽の指導は受けていないかもしれないけれど、彼らのことを「音楽性がない」と決めつけるのは間違いである。しかし、訪問音楽家や熟練した音楽家が、学校の先生が持っていないよう

な特別な音楽の知識や技能を教室にもたらすことは真実である。音楽家の経験がある学校の教師でさえ、現在の音楽界のスタイル、ジャンル、伝統の幅と範囲を、自信を持って教えるだけの知識と理解があるとは期待できない。実際、音楽の伝統と文化を不慣れな状態で教えようとするのは危険を伴う。Adams は以下のように言う。

> 音楽の伝統を教える際、伝統を褒め称えたり、名ばかりの取り上げ方をすることは、音楽そのものを十分に評価しないばかりでなく、文化的起源である音楽経験を尊重しないことにもなる。(Adams 2007 : 255)

　このような感受性を理解させることのできる特別な背景を持った訪問音楽家、または教師の専門的知識に特別な次元を与えることのできる訪問音楽家は限りない価値を持つ。

音楽的な確実性

　訪問音楽家は教室に音楽的な「確実性」をもたらすことができる。彼らは楽器を演奏する中で、伝統と調和し、児童がすぐに真似ることができるように自由な方法で演奏する。彼らは、Swanwick のいう「音楽的な流暢さ」を示す。流暢さとはとりわけ楽譜を使わない音楽家に顕著である。主に西洋のクラシック音楽の伝統以外の音楽家は、音楽をイメージする聴覚的な能力を、楽器（または声）を扱う能力と結び付ける。特にジャズ、インドの音楽、ロック、スチールパンの音楽に特徴付けられ、莫大なコンピュータが音楽や世界の民族音楽の助けとなっている。(Swanwick 1999 : 56)

音楽の指導と学習に対する異なったアプローチ

　訪問音楽家は、音楽の伝統と文化の中に組み込まれ反映された教授法を教室にもたらす。そして既にある教授法とは対照して引き立たせ幅を与える。これらの教授法は、音楽学習に聴覚的なアプローチを含み、即興が重要な要素となる。しかし、音楽家が教壇に立つ場合、経験と技能次第であることを理解することは重要であり、このような教授法は明示的というよりは暗黙であり、熟練した教師が音楽家のこのような教授法を子どもの音

楽学習のために明らかになるように工夫し、音楽家を支えることが重要な役割となる。Pitts は学校の教師を芸術家のために技術を持った協力者として位置付けることが理想であり、芸術家特有の考え方を若い人たちの音楽学習に新しい次元をもたらすものとして歓迎すると上手くいくと述べている。(Pitts 2007 : 768)

活動 13-2　芸術団体と関係を持つ

　協働的なイヴェントを行っている学校や芸術団体と話す手配をしよう。(学校や芸術団体に) 行ってみて活動の一部を観察しよう。活動がもたらすものの範囲、利益、あなた自身の状況において効果を高めるための変化について考えよう。

　効果的で豊かなコラボレーションは関係者全員に学習の機会を与える。学校で子どもたちと関わることを通して、訪問音楽家は自らの音楽や音楽学習に対する信念を見直す空間と機会を与えられる。そして自らの音楽家としての実践に影響を与える。例えばオーケストラプレーヤーは時間外の個人練習の絶え間ない抑圧に拘束されている。そして音楽の個性を無視した「記号から音」への変換に過度に依存している。主導者としての活動、聴覚の学習、高いコミュニケーションによるリーダーシップを持って携わり、レパートリーを構成要素に分析することによって、訪問芸術家は自らの音楽創造に関連した批判的能力を発展させることが出来る。このことはキャリアの中でより冒険しつつ、いきいきとした見聞の広い演奏として次々と戻ってくる。子どもたちと活動することは、音楽家に対して、自らの音楽性、音楽的な創造性、若い人たちと創造的なものを作り上げることに対する信念を再評価させる。

成功するコラボレーションが起こるにはどのような状況が必要か？

　成功するコラボレーションは突然には起こらない。それは計画され、成功する状況を必要とする。またそれらは、効果的な音楽学習とは何かという首尾一貫した哲学と、コラボレーション活動を通してもたらされる方法

によって支えられる必要がある。成功するコラボレーションは少なくとも次のような状況と特徴を満たす。

各人がパートナーシップによってもたらされる理解、技能、知識を互いに尊敬すること

　成功するコラボレーションは関係者間の互いの尊敬によって支えられる。効果的なコラボレーションを発展させるために、共に活動することが子どもたちの音楽学習に何かを与えるというステレオタイプのモデルに逆戻りしないことが重要である。典型的な（ステレオタイプの）モデルは、訪問音楽家が音楽の技能をもたらし、クラス担任が教育的、経営的戦略を与えることである。教師は音楽家でもある。皆、人生の中で得た、音楽の役割、つまり自らの音楽の文化適応という暗黙の音楽的理解という役割をもたらすであろう。

　既に立証したが、訪問音楽家は新しい教育的アプローチを明瞭に表現する音楽の実践を（暗黙に、または明白に）促す。そして経験のある主導者は、子どもたちが夢中で音楽を創造する方法や、ベストな状態で学ぶ方法に対する理解を発展させる。成功するコラボレーションはそれぞれのパートナーの専門的な実践のすべての側面を発展させる機会を与える。

活動13-3　コラボレーション活動と専門的な成長

　教育学、音楽的実践に関してあなたの力を自身でどのように感じていますか？また、コラボレーションを通してその両方を発展させたいですか？誰と一緒に活動して、どのような種類のコラボレーション活動が、あなたの専門的な成長の目的に達する支えになりますか？

目的とアプローチの一致

　効果的なコラボレーションは何を成し遂げるかというヴィジョンを共有することにあり、話し合って一致させたヴィジョンを実行するアプローチにある。このヴィジョンを発展させ共有することは、もっとも専門的に価値があり、コラボレーション活動の創造的な側面の一つである。そこには

互いの尊重があり、完全に形作られたものではなく誰かによって拾い上げられ育てられるアイデアの中で安定した環境が作られる。コラボレーション活動は、このセクションの序章において以下のように述べられている。

●個人を尊重する。一人として、そして他者に貢献するために
●相互依存を尊重する。―グループに所属し、チームとして活動する。
●安定を尊重する。
●開放性を尊重する。

　プロジェクトのために共有された音楽的、教育的ヴィジョンを発展させる他に、一致した実践の一式があることが重要である。訪問音楽家は、特別な実践方法や信頼される方法を持っているが、それぞれの学校に独自の儀礼、学習法やレッスン計画に対する期待があることに気が付いているであろう。これらは調節する必要がある。そのことについて互いに話し合うことが、効果的な関係性構築の発展にきわめて重要である。

　あなたの行動やクラス経営へのアプローチについて話し合おう。あなたが褒めたり励ましたりする言葉の種類について話し合おう。授業のペースやリズム、そしてそれらをどうやって扱うかについて話し合おう。時間配分や計画について話し合い、進歩を再検討するための実行可能な計画について確かめよう。（Deane and Zeserson 2008 : 9-10）

評価と再検討
　コラボレーションのプロジェクトで最初に計画することは、どのようにすればその成功が評価され再検討されるかである。再検討や評価は、進行中の過程で行われるべきであり、計画されたマイルストーンや結果に対してだけでなく、音楽的な相互作用から生まれた予期せぬ結果に対してもなされるべきである。この再検討と評価の一定の過程は、プロジェクトが最初から目標があり、集中し続けることを確実にするだろう。
　学校のコミュニティ（子どもたち、他の先生や主任）、両親、資金団体、芸術組織に対して、コラボレーション活動への未来のサポートを強化するために、プロジェクトがいかに成功しているかを示すことができるかが特に重要である。学校の教師はプロジェクトが豊かさを与えるという点か

ら、いかにそのプロジェクトがより広いカリキュラムと音楽のカリキュラムを結び付けているかを示す。彼ら（教師）はまたプロジェクトがより広い学校生活に寄与していることも示す必要がある。訪問音楽家はいかにプロジェクトとその結果が組織の目的に寄与しているかを示すことがおそらく求められる。

　評価と再検討を通してこのような影響を示すことは簡単ではない。Adams によると、訪問音楽家と教師が「同じ挑戦をすること・・プロジェクトの成功を評価しようとするとき、数量よりも『同意しようとする』という質的指標を見つけることがすなわち同じ挑戦をすることである。」（Adams 2007：259）しかし、このような挑戦が音楽外の要因（例えば楽譜を読み書きできる能力や観客といった影響）に独占的に頼って、プロジェクトの理論的根拠である子どもの音楽的学習と経験を成長させ豊かにすることを蔑ろにする原因となってはならない。オーディオやビデオ機器は有益であるが、最終的な「産物」の証拠として使われるのではなく、教師と子どもたちが辿った行程、つまり子どもたちの音楽的学習と、音楽家、教師の専門的な実践によって作られる進歩に使われるべきである。

遺産のための計画

　最終的に、各プロジェクトは専門的な実践、音楽的な学習と経験を発展させるために、参加しているすべての人々、とりわけ子どもたちを持続させ熱狂させる遺産を残すべきである。教師や音楽家たちは、成功したコラボレーションのプロジェクトから新しい活動方法や新しい音楽的、教育的理解を取り出すであろう。しかし、子どもたちにとって、もっとも重要なことは、プロジェクトの音楽創造の質である。Zeserson はこのことについて上手く言い表している。

　　素晴らしい音楽を他者（大人または若い人）と作ることは、コミュニティを維持する楽しい経験である。あなた方の生徒は、プログラムの細かいことは記憶から次第に消えていっても、偉大な音楽の創作を支えるインクルージョン（包括）、尊敬、相互達成の価値は生涯にわたって彼らの中にとどまるであろう。（Zeserson 2009：89）

どのような種類のコラボレーションをどのように確立したらよいか？

　学校の授業の外では、多くの可能性のある個人や団体があり、その協力はすべての関連ある人々にとってとても有益である。公的資金を受け取っている演奏団体の多くは、参加協議事項を拡大し、教育部門を持つ。イギリスの多くのオーケストラは明らかな選り抜きではあるが、音楽のパートナーには合唱団、劇場、ジャズやポピュラー音楽の音楽家、室内アンサンブル、いろいろな国の伝統音楽の合奏団、個人のフリーランスの演奏家も含むことができる。

　これらの機会は大きな都市で得られるだけではなく、田舎でも多くの地域音楽団体が芸術家と主催者とのつながりを作るために存在する。例えば、Youth Music Action Zones はこの概要を満たしている。さらに、あなたの学校とコラボレートする訪問芸術家はセミプロかアマチュアかもしれない。例えば地方のフォーク音楽のシンガーソングライターが歌唱のクラス授業を行うと、そのパートナーシップはロールモデルとしてだけでなく、多くの重要な利益をもたらす。

　多くの大学の音楽学部やコンセルヴァトワールは、アウトリーチプログラムを持っており、学生助手を学校に送り込んでいる。パフォーミングアーツセンターは、聴衆を作り、公的補助金を学校の事業に整備して、感動的な演奏の場を提供する。他の場所（例えば美術館やギャラリー）を訪れる横断的カリキュラムは、作品にエキサイティングな刺激を与えることができる。

ケーススタディー：音楽とダンス

　ロンドン南東部の小学校では、最初はクリエイティブパートナーシップの基金により、トリニティ音楽大学とラバン現代舞踊センター（今はトリニティラバン）と共同で、4年間プロジェクトが行われている。音楽とダンスのつながりを探究しながら、Year5 の2クラスは学期の前半は共通の授業を受けて、1つのクラスがもう一方のクラスのダンスの振り付けのために音楽を作る。そして学期の後半ではその役割を交換する。初めは訪問芸術家によって導かれ、プロジェクトは CPD （Continuing

Professional Development）の要素を強く含んでいるが、2 つの高等教育施設（HEIs）による芸術的アドバイスと、PGCE[1] 学生による現場実習により、今は学校の教師によって導かれている。HEIs は時々地方の教育に携わるが、このような積極的な方法によって自立したプロジェクト、職業訓練を音楽大学に提供するプロジェクトは珍しい。

　パートナーシップが進むと、訪問音楽家の質や音楽の目的を評価する必要があるということを理解しておくことは重要である。例えば、訪問音楽家個人は優れた専門家かもしれないが、広範囲にわたる教育学的スキルは持っていないかもしれない。同様に、オーケストラのような組織も教育的プロジェクトを行うことを求められているが、日々子どもと向き合っている学校の教師と同じ観念（イデオロギー）によって、いつも土台が固められているわけではない。楽器メーカーは学校と率先して関係を持っている。ヤマハとローランドはこの点に関して注目に値する。このような組織は明らかに楽器を売るための協議事項を持っているだろう。そして規定通りの楽器を学ぶメソッド（方法論）を勧める。しかし、彼らは例えばオンライン設備によって学校へのサポートを提供することができる。

　もちろん学校にとって音楽教育へのアプローチに賛同していない組織とパートナーシップを発展させることも重要であるが、新たに実践を考えることに挑戦することや、とりわけ譲歩できない問題に取り組む手段を与えることも重要である。例えば、ある学校は男子に歌うことを勧めたり、学校でオーケストラにはない楽器を弾く子どもを含める専門知識を持った組織や専門家とパートナーシップを発展させるかもしれない。外部の組織や音楽家と協力を始める理由は何であれ、すでに行われているプロジェクト活動や、その土台を固める見通し、ヴィジョン、イデオロギーを調べることが得策である。

活動13-4　将来性のあるパートナーを評価する

　あなたの学校と関わっている音楽組織や財団に関係する出版物を調べて問い合わせてみよう。あなたに適している学習過程を文書で記録しているプロジェクトに評価レポートはありますか？あなたがパートナーシップを計画する際、避けようと思ったことで、他の人はどのような問題に遭遇していますか？より広く発展させられそうなテーマはありますか？財団は時々評価をウェブサイトに上げています。

　子どもたちの芸術学習を監督するパートナーは家族である。（家族は）技能を与える役割を果たし、才能のある両親は演奏したり学習を手助けしたりする。（家族は）個人練習を育てるサポーターとしての役割を果たす。（しばしば両親はどのように子どもをサポートすれば良いかを学習する手助けが必要ではあるが）また、（家族は）動機を与える者として、子どもたちを外部のコンサートやワークショップに連れていく。そして、放課後のアンサンブルや追加の活動を促したりもする。両親を効果的に携わらせている学校は、音楽活動を続け成長していく子どもの可能性を増加させている。

活動 13-5　両親を巻き込む

　現在、学校がどのように音楽のサポートに関して両親を携わらせているか考えてみよう。そしてどのように発展させているか考えてみよう。両親を器楽のクラス授業に招いて、練習をどのようにサポートするのかを学ぶことは出来るだろうか？彼らは課外のアンサンブルで、演奏したり手助けしたりすることは出来るだろうか？放課後の両親のための勉強教室や、学校のコミュニティオーケストラを作る機会があるかもしれない！

結論

　世界、児童、スタッフ、ゲストティーチャー、学校のパートナー、共同体がつながることによって、すべてがコラボレートされ、子どもたちの音楽活動に興奮、楽しさ、機会、多様性がもたらされる。WCIVT は参加、学習、音楽、他の文化に対して態度を変化させることが出来る。可能性のあるパートナーのリストは終わりがなく、演奏はインターネットで世界の異なる地域の学校と行うことが出来、パートナーシップはオンラインで築くことが出来る。

　協働学習はエキサイティングな学習であり、もしも良い関係、刺激的な環境、支援関係が密に結べたなら、コラボレーションは成功を起こす鍵の役割をする。しかし、「気晴らし」と言って反対し、「標準的な協議事項」の外部要求に焦点を合わせる学校ではなく、良い演奏の秘密の園への鍵を持って時々感動を与えにやってくる訪問音楽家こそ挑戦である。Pitts は次のように論じている。

　　融和性と協力を確実なものとするために、さらなる努力が必要である。それは音楽の指導と学習の独特な役割を組織的に評価することによってである。学校、非公式の学習、ギャップの橋渡しをするアウトリーチ活動のつながりへの理解を増すことによって、音楽の授業はまさに文化的な交流と音楽の語らいが鳴り響く場所になることが出来る。（前傾：771）

参考文献

Adams, P. (2007) 'Beyond the classroom 2 : Collaborative partnerships', in C. Philpott and G. Spruce (eds) *Learning to Teach Music in the Secondary School: A Companion to School Experience*. London: Routledge.

Deane, K. and Zeserson, K. (2008) *Music in the Wider Community*. London: The Open University and Trinity College, London, Key Stage 2 Continuing Professional Development Programme.

Everitt, A. (1997) *Joining In: An Investigation into Participatory Music*. London: Calouste Gulbenkian Foundation.

John-Steiner, V. (2000) *Creative Collaboration*. Oxford University Press.

Pitts, S. (2007) 'Music beyond school', in L. Bresler (ed.) *International Handbook of Research in Arts Education*. Dordecht, The Netherlands: Springer.

Swanwick, K. (1999) *Teaching Music Musically*. London: Routledge.

Zeserson, K. (2009) 'Music collaborations with other adults', in J. Evans and C. Phiport (eds) *A Practical Guide to Teaching Music in the Secondary School*. London: Routledge.

訳注

[1]　イギリスにおける一年制教職課程。(Postgraduate Certificate in Education)

第 14 章
計画、指導、学習への協働的アプローチ

Rita Burt

序

　コラボレーションは成功するクラスでの器楽、声楽指導の核心である。共に働く専門家は器楽の教師、クラス担任、地域の訪問音楽家かもしれない。彼らは各々の技能とアプローチを与えるであろう。しかし、彼らが協調しながら共に活動すれば、その効果は劇的である。本部が推薦する「音楽マニフェストレポート No.2」の「子どもの音楽事情を考える」（DfES 2006）では、「普遍的な音楽教育を伝えるのに必要な枠組みと焦点を与えるために、音楽教育に関わるすべての人は共に働くべきである」（ibid. : 7）と述べられている。Musical Futures[1] のイニシアチブにより「クラス全体の器楽及び声楽の教育」（WCIVT）または「Wider Opportunities」と教師、音楽家、オーケストラが参加する多くの教育的なアウトリーチ活動は、クラス担任、音楽教師、演奏家、地域の音楽家が共に働くことを強調する。異なる音楽背景や幅広い指導経験や内容を持つパートナーと共に働くことは、実践者や子どもたちを豊かにし、報われることになる。
　このような方法による成功と効果は、コラボレートするパートナーといかに上手く協働するかによる。コラボレーションの計画と指導とは共に活動することである。これは異なる形式であっても、モデルは何であれ、その効果は指導と学習のアプローチに同意して共有しながら、関係者が発展させていくことにある。効果的な関係性を築くことと、全体の技能と経験がベストな状態の協働モデルを発展させていく中心にあるのは、成功するコラボレーションの実践である。このような関係性は、実践者と子どもたち双方にとってきわめて大切である指導と音楽的技能と経験の掛け合わせをサポートする。子どもたちが幅広さや多様性、手本や異なったアプローチから利益を得る間、音楽の地平線は広がり、教育は強化される。

本章の最後までに、私たちは次のような問いについて考察する。

●コラボレーションの計画と指導における異なったモデルの特徴と利益は何か？
●誰と一緒に活動するか？
●パートナーはどのような見通しをもたらすのか、パートナーは音楽の指導と学習の質をどのように高めるのか？
●いかにして成功するコラボレーションを作り発展させるか？

コラボレーションの計画と指導における異なったモデルの特徴と利益は何か？

　新しいパートナーシップは同等の人の関係性を発展させるものであり、ゆえにコラボレーションによる指導のモデルは、各参加者が持っている技能と経験を調和させ発展させる方法を見つけることである。出発点は、指導するチームの現在の専門技術と信頼を反映するモデルが求められ、同時に平等に寄与するサポートチームと個人の成長が求められる。
　このセクションの「場面設定」の部分で、Julie Evans は進歩が見られるコラボレーションの指導において4つのモデルを明らかにしている。（表14-1 参照）

表14-1 コラボレーションのモデル

モデル1	モデル2	モデル3	モデル4
1人の実践者がリードし、他者は支える。	1人の実践者がリードして、他者は特別な児童のグループと共に活動する。（例：才能のある児童、特別な支援が必要な児童）	各々の実践者が授業の特別な部分において責任を持つ。	すべての実践者が共に活動し、適切な時に分け隔てなく責任を持つ。

　1人の実践者がリードし、他者は支えるモデル1は、自信や経験がない実践者が含まれている場合や、より経験のある人や音楽の専門家が導く場

合に適している。しかし、教師がサポート役に回る機会が得られた場合、このモデルは将来リードする教師を育成する点において効果的である。計画に従って遂行された結果の 1 つとして、すべての人が平等に貢献していると感じられるような場にすることが良いだろう。

　1 人の実践者がリードし、他者は特別なサポート役を担うモデル 2 は、異なる児童のグループをサポートする機会を与える。このモデルの限界は、交替するよりも（モデル 1 の例のように）役割が固定化されたときに起こる。

　モデル 3 は、各々の実践者が計画された活動や授業の部分に責任を持ち、あるポイントでは先導する役割を許される。このような仕事の分担は、注意深く計画されることによって、分裂や、ペース及び流れの欠如を避ける必要がある。しかし、上手く計画すれば、この「パッチワークキルト」のアプローチは上手く進み、モデル 4 への踏み石を提供することができる。

　モデル 4 は私たちが努力し、熱望し、モデル 3 から発展する理想形である。ここではすべての実践者が共に活動し、適切な時に分け隔てなく責任を持つ。このモデル（モデル 4）は同意して理解された学習目的と結果と、全員で共有し開発する教育学に依拠している。このモデルは柔軟性があり、創造的で反応の良い指導アプローチをもたらし、このモデルが適用された時は、方向性や目的を見失うことなく変動的かつ有機的である。

　どのモデルが取り入れられても、関わる専門家たちが共に計画を立てる時間を持つことが大切である。計画をつなぎ合わせ話し合う時間は、効果的なコラボレーションの鍵となり、もしそれがなければ教師陣はモデル 1 を超えることすらもがくであろう。

活動 14-1　自身のコラボレーション活動を反省しよう
　あなたの現在の実践はこれらのモデルのうちどれを反映したものであるか、あなたの実践経験は上記の分析の長所と短所を反映したものであるか考えよう。あなたと同僚の実践をモデル 4 の理想形に移行させる必要があるならば、あなたは何を意識しますか？

誰と一緒に活動するか？

　音楽教育のコラボレーションは関わるすべての人にインスピレーションを与え、豊かにし、報酬を与える。「クラス全体の器楽及び声楽の教育」（WCIVT）はコラボレーションに新しい焦点をもたらし、クラス担任と訪問音楽家が共に活動する共通のモデルを持っている。歴史的に地域の音楽家、オーケストラの教育アウトリーチプログラム、アンサンブル、音楽教育組織は地方で公共の立場から学校と活動し、若者の音楽的見聞を高めてきた。これらのパートナーシップのプロジェクトは特定の音楽ジャンルや伝統の周辺で、作曲や演奏といった音楽活動にすべての子どもたちが参加し経験するといったワークショップタイプの活動に焦点化される傾向がある。これらの活動は音楽学習を地方で支えるために、専門的な音楽家や組織のネットワークで関係性やつながりを発展させている地方の音楽サービスや芸術サービスによって組織され仲介されている。そして活動は大概一度限りの短期間のプロジェクトである。WCIVT の土台を固める長期的なコラボレーションの関係性は比較的新しく起こってきたものであり、音楽学習の計画をつなぎ合わせる持続的なアプローチが求められる。あるジャンル、伝統、スタイルによるライブ演奏の機会は、関係する音楽家や器楽指導者、彼らがプログラムでもたらす専門知識に依存している。

　多くの音楽家は演奏と教育活動を含む幅広いポートフォリオを持っている。そして教育的なワークショップを率いる経験をし、器楽指導にも携わっている。ある学校では、音楽のコラボレーションを進んで行いサポートできるスタッフの中に音楽家である教師がいる。加えてある地方当局は子どもたちの音楽学習の機会を支え最大限にするために、特別な専門家を投入する。この例を次に示す。

ケーススタディー：WCIVT においてアフリカ音楽を取り入れる

　小学校では夏季学期で5、6年生のためにアフリカ大陸と文化に関する長期プロジェクトを計画している。この計画のサポートに有効なリソースについて話し合うために、音楽サービスに連絡をつけている。音楽サービスは地域のゴスペルヴォーカルリーダーや、ガーナ人のジャンベの教師とそのグループとつながりをつけ、さらにアフリカのタウンシップミュージックに焦点をあてた強い教育的背景を持つジャズトリオを推薦した。学校は3つの音楽団体と5、6年生のためのカリキュラムを計画し、歌、即興、リフとオスティナート、呼びかけと応答、模倣といった共通の音楽的特徴を発見する。筋の通ったプログラムが組み立てられ、学期中ライブミュージシャンは様々な点からワークショップを通じてサポートした。他の主題とのつながりも探究され計画された。このプログラムは3人の音楽家とグループによる1週間のワークショップで最高潮に達し、学校全体や親に向けての演奏へと導かれた。

活動14-2　コラボレーション活動と音楽のジャンルや伝統

　あなたとあなたの同僚が授業で紹介したい音楽のジャンルや伝統を選択しよう。その音楽の特徴について探究し考えてみよう。

1. 音楽が生まれた文化について実践する。言いかえれば、音楽がどのように作り出され、演奏され、広められ、受け入れられるのか。
2. どのような種類の音楽学習と実践、音楽の伝統と文化を理解すれば促進を助けるのか。
3. いかにして音楽は子どもの音楽的、文化的理解に寄与するのか。

パートナーはどのような見通しをもたらすのか、パートナーは音楽の指導と学習の質をどのように高めるのか？

　各人（教師や演奏者）は協働的な計画と指導を行うために異なった見通し、経験、アプローチ、技能を持っている。パートナーとの挑戦は、各自

の指導内容を認めることによって互いに支え学び、特定の専門知識を開発し発展させる。その結果、チームがもたらす経験の幅と広がりから、子どもたちは利益を得る。ベストなコラボレーション活動はこのアプローチの多様性によって育つ。そのねらいは育て発展させることであり、自信、野心、特定の専門知識が欠けている人を境界の外に追いやることはしない。異なる背景の実践者が子どもの音楽学習と経験に何をもたらすのか認め評価することは、効果的なコラボレーションのプログラムとチームワークを確立する中枢である。

　すべての音楽家や器楽の教師は演奏によって子どもたちにインスピレーションを与え、優れた手本を提供する。一方でクラスや学校の教師は、教室の教育学に関して豊かな理解を与え、音楽学習や子どもの要求や興味を優先する。"*Making More of Music*"（Ofsted 2009）では次のように述べられている。「器楽の教師が学校全般にわたって音楽をもたらすのと同じくらい、学校は器楽教師の指導技術を発展させることに寄与できる」（第33項）これらすべての見通しがコラボレーションの計画と指導に影響を与えるとき、その結果は浮き立つ。地域の音楽家は音楽の授業に専門的な分野の中で、確実な音楽創造の経験を与える。次の例はこのことを表している。

ケーススタディー：WCIVTにおけるジャズの慣例

　ジャズミュージシャン、器楽教師、クラス担任がWider Opportunitiesクラスの5年生に対してコラボレーションをしながら活動を行っている。子どもたちはトランペットとクラリネットを約1年間学習しており、クラス担任も並行してトランペットを学習している。クラス担任は聴き取りと声楽の活動を共に計画、指導し、週を通じてこれらの活動を子どもたちと共に行い、音楽学習を支えている。彼らは各プロセスに従った聴き取りの学習と、セッションを通して声楽と器楽を用いた学習法を取り入れている。彼らはボディーパーカッションと、脈拍や8ビートを感じる声楽課題から始める。その中で、子どもたちは音楽を作り、呼び掛けと応答のフレーズの模倣を行う。子どもたちの準備が出来たとき、楽器を使用し始める。ジャズミュージシャンは1つの音でリズミックな呼

び掛けを演奏し、子どもとクラス担任はそれを模倣する。彼はフレーズ
ごとに（リズムを）複雑にしていき、子どもたちはシンコペーションを
確かな感覚で正確に模倣していく。

　ジャズミュージシャンは独特の感性とスタイリッシュな表現でメロ
ディーを先導して見せる。その演奏法は音符をはるかに超えたものであ
り、子どもたちはジャズのルーティンを取り入れながら、応答を模倣し
掴んでいく。音楽経験の確実性と指導法の即時性は、音楽的結果を成功
の高みへと導く。

　1時間のセッションの終わりには、子どもたちは自信を持ってスタイ
リッシュに演奏しており、3つのメインイベント、すなわち模倣、即興、
メロディーの先導（引き延ばされ調和している）に基づいた作品を作り
演奏した。

いかにして成功するコラボレーションを作り発展させるか？

　コラボレーションのプロジェクトやプログラムを計画するスタート地点
は、「ヴィジョンの共有」を確立することである。関係者はチームの力、
専門知識、技能、信頼のレベルを知るための時間を要する。プロジェクト
やプログラムの目的や期待される結果について話し合い、この結果、言い
かえれば教育学的枠組みにどのようにすれば到達するか話し合う。私たち
が子どもたちに学んでほしいと思うものは何か？どのような音楽的理解が
発達するのか？彼らが関わる音楽経験は何か？地域の学校の背景、子ども
たちと彼らの以前の音楽学習と経験、興味と学習の必要性に関する知識に
基づいて、共有されたヴィジョンに支えられたゴールと結果は意見が一致
すべきであり、将来の計画や指導に対する枠組を提供するであろう。次
の例を見てみよう。

ケーススタディー：活動におけるコラボレーションの計画

　イーストロンドンの学校は白人の労働者階級の子どもたちがわずかに過半数を占めており、多文化を受け入れている。そして「Wider Opportunities」のプログラムを計画している。最初の考えは、この学校で児童のために音楽の機会を増やそうと熱心な音楽の協働者からもたらされた。学校の教師と地域の音楽サービスからの2人の器楽指導者で指導チームが結成される。彼らはプログラムを始める前に会って、クラスの指導と音楽の指導に関するチームの専門性と信頼のレベル、子どもの今日までの音楽経験と学習、特別に音楽的もしくは教育的に必要なこと、才能や興味に対する確認から始める。彼らは学校の教師が歌唱活動は熱心に行っているが、器楽指導においては自信がないことを発見した。器楽指導者のうちの1人はクラシック音楽の訓練を受けており、もう1人はロック音楽やポピュラー音楽の背景を持っている。クラスでは歌うことを楽しんでいるが、SEN（special educational needs）の記録では6人の児童が時々集中力が途切れる。5人の児童が少数人種であり、例えばタブラ、ゴスペル、ドール（dhol ドラム）といった彼らの文化内の音楽経験を持っている。3人の児童がヴァイオリンの初心者であり、そのうちの1人はGrade1の試験を通っている。

　これらの知識で身を固めて、教師は活動計画を作り始める。学習の目的と結果、SENの児童や楽器の専門知識を持っている児童をサポートする活動を計画し、文化的背景を持った児童を考慮に入れ様々な方法で区別した結果、すべての児童が音楽を創造する機会に携わり、成長し楽しむことが出来る。

　最終的にチームは授業内で指導をどのように共有するのか話し合い、学校の教師が歌唱活動を指導している間、器楽教師は代わりに楽器の特別活動を指導し、各授業の終わりに再検討することで同意した。活動計画は音楽サービスのウェブサイトに掲載され、秋学期の最初と学期の半分で成長を掲載することで同意した。

活動 14-3　コラボレーションのプロジェクトを扇動する

　1 年間のグループのコラボレーション計画の概要を述べた提案書を書いて、あなたの主任、音楽サービスの長、地域の音楽を組織する人に提出しよう。あなたが一緒に活動したいパートナーについて確認し、プロジェクトでもたらされる経験と専門知識、プロジェクトの音楽的焦点と結果について確認しよう。パートナーの選択と音楽の焦点について地域の学校にどのように話すか、そして子どもたちのこれまでの音楽経験や学習について分析しよう。どうすれば効果的な合同計画のための時間が作れるか考えよう。

　最も良いコラボレーションのプログラムは、有機的かつ変動的で、子どもたちの活動と進歩、チームの共通の想像と創造の発展に応じるものである。計画し指導する段階で、継続的なインプットの機会とアイデアの共有がもたらされ作りだされるべきである。この到達の一つの方法として、例えばブログやウィキといった ICT を用いて時間外に計画を共有し発展させる。この協働的な計画へのアプローチは、生き生きと発展し個性的で明瞭なプログラムを保証するプロセスに参加させることである。

　このようなアプローチは、子どもの進歩を再検討するための、臨時もしくは定例の会議によってサポートされる。言いかえれば、子どもたちがどこにいるのか、前進する方法や最適なレパートリーについて評価する。これらの会議の中で、児童の進歩を評価する方法が話し合われる。「クラス全体の器楽及び声楽の教育」プログラムの中の共通の特徴は、子どもの音楽的進歩を評価する際、学校の教師の役割が発展することである。

結論

　他の専門家と共に活動することは、インスピレーションを与えられ経験を豊かにし、自らの専門的な成長に対して卓越した機会をもたらす。成功するコラボレーションは音楽的、教育学的視野、技能、理解を広め、障壁を取り払い、指導と学習の統合アプローチを発展させる。

　実践者は新しいジャンルと、確かな音楽創造の効果、訪問音楽家や専門家によるワークショップや演奏、新しい音楽の工夫、アプローチ、技能を学ぼうと挑戦し、とりわけ児童の音楽学習への影響力が強くなった時に、インスピレーションを受ける。学校の教師はクラスの教育学に関する知識と理解、子どもたちと子どもたち個人に必要なもの、動機を与える方法と学習のサポートを示す時、インスピレーションを与えることが出来る。

　互いに学習することがコラボレーションのプログラムの中心である時、教師の専門的な成長と子どもの音楽学習の可能性は膨大になる。

注

[1]　「The Musical Futures Project」は Paul Hamlyn 財団によって資金が提供されている。www.musicalfutures.org を参照。KS3 への音楽提供に対して異なるアプローチを探究している。

参考文献

Department for Education and Skills (DfES) (2006) *Music Manifesto Report No.2: Making Every Child's Music Matter*. London: The Stationery Office.

Ofsted (2009) *Making More of Music: An Evaluation of Music in Schools 2005/08*. London: Ofsted Downloadable free from www.ofsted.gov.uk (accessed March 2010).

第6部
評価、査定、反省

第 15 章
評価、査定、反省

Chris Philpott

　本章は WCIVT に関わるすべての子どもたちが個人の必要に応じた音楽教育と出会い、音楽の学習者として成長がサポートされ、音楽の興味と熱望が満たされる権利を保障する評価の方法に焦点をあてる。本章の重要な原理は、教師の評価は子どもの音楽的な理解を知り（Rowntree 1977）、将来の音楽的成長を支える知識を使用するということである。児童が音楽家として自分自身や互いを知ることも含まれる。評価はこれまでのすべての指導と学習を統合するべきであり、Swanwick によると「教えることは評価することである」（1988 : 149）と述べている。さらに評価は指導の効果についても査定し、発展と改良の基礎を与える。

　ある意味、音楽は学校の内外において例えばポップチャート、グレード試験、コンクールにおいてもっとも評価された規律がある。さらに、私たちはあらゆる種類の音楽に対して判断や批判的なコメントをしがちであり、常に人生の一部として音楽を評価している。しかし、この文化的な経験は音楽教育における評価に対して、むしろゆがめられた見解を引き起こす。言い換えれば特別な演奏やお気に入りのバンドの最新アルバムについては価値のある判断をする。本章では音楽において何が評価とみなされるのか、子どもたちが音楽のカリキュラムに関わることやインクルージョンをどのようにサポートすれば良いのか、「クラス全体の器楽及び声楽の教育」においてどのような利益をもたらすのかという、より広い概念を確立することを目的とする。

　児童のことについて知る際、評価に対する 2 つの分類方法、すなわち学習のための評価と学習の評価がある。

学習のための評価

学習のための評価は時に形成的評価として言及される。

> まず最初に優先する評価は、生徒の学習を促すものである。それは普通非公式で、指導や学習のあらゆる側面に埋め込まれている。そして、指導を学習で必要なものに適応させる時、形成的評価となる。（Black 他 2003：2）

このカテゴリーに分類される評価活動は、ある意味もっとも自然である。学習のための評価は児童と教師が音楽について対話をしているもので、質問、フィードバック、目標設定、規準の話し合い、自己評価、仲間の評価を含む。このような評価は児童に焦点があり、児童の音楽学習と理解の発達を目的としている。この評価の形式は、指導の過程にも埋め込まれる。

学習の評価

学習の評価は、時に総括的評価と言え、「たまに行われ、普段の指導と学習からは切り離され、形式的な儀式のように特別な時に実施するテスト」（Black 他 2003：2）を含む。ここでの評価は、児童の進歩を表すレポート、筆記や実技試験、点数やグレードを与える試験が含まれる。このような評価は教師に焦点があたっており、ある特定の点（寸見）で児童の学習や理解を確かめる目的がある。例えば、単元の終わりにグループで実施される。

私たちが児童を知り、児童自身が音楽家、学習者として理解するには異なった方法がある。本章では「学習のための評価」に焦点をあて、評価を追加のものとしてではなく WCIVT に統合させる方法を考える。

この章の終わりまでに、WCIVT の授業に以下の項目をどのように組み入れるかを考える。

●質問、フィードバック、自己と仲間の評価によって児童を知り、総括的評価を形成的に用いる。

●どのように評価を用いて、指導を発展させ改良していくかを学ぶ。

学習のための評価へのアプローチ

　もしも「教えることは評価することである」ならば、以下のような古典的な評価手段を用いて、評価は児童と教師の継続的な対話の中にみられる。

●質問
●フィードバック
●自己評価
●仲間の評価

（Black 他 2003）

　対話の中心は話すことである。教師の間、児童の間、教師と児童の間での話である。ここでの「教師」は音楽教育においてより幅広い人員を指す。
　私たちにとって音楽について話すことは日常的である。聴いているものは何かについて知り、それについて述べ、好きであろうとなかろうと正当化し、進歩するために提案をする。これは職場、遊び場、ディスコ、スタッフルームでの話である。次にあげる例は、6年生の児童の、カール・オルフ（Carl Orff）の「カルミナブラーナ」より「おお、運命の女神よ」に対する叙述である。

　　これは劇的だ！冒頭で大きなドラムが鳴り、ゆっくり歌われる。嵐のように脅し、怒っているようだ。そして急に歌が速くなって、ささやくようであるが、ホラー映画や悪夢のようにぞっとする響きである。しかし、これは長くは続かず、断固とした音楽が戻ってくる。それは外国語で修道士が歌っているようだ。私はこのような音楽を普段は聴かない。

　この言葉は、音楽の生の音、表現に富む衝撃、構造であり、自らの音楽経験が初めに示され、「技術的な」言葉が用いられていない。誰もが技術的、もしくは叙述的な言葉を用いて音楽について語るが、この種の話は児

童個人の必然性、音楽の興味、熱望の核心を得ることができる。WCIVT
の理論的根拠は、音楽との対話において直感的な言葉を用いていることで
証明される。児童が仲間とともに大きなグループで学んでいる時、もっと
も効果的なのは教師とともに対話が学びの自然な一部になることである。
対話は学習に対する評価の源泉になる。

　どのようにすれば上記の評価の古典的手段が WCIVT の中で統合され、
教えることが評価することになるのだろうか？

質問

　質問は児童を知るための必須の手法である。Brown と Edmonson は質
問することに対して次のような理由を提案している。

> ●アイデアや方法に対する考えや理解を促す。
> ●理解、知識、技能をチェックする。
> ●注意を促し操作を手伝う。
> ●精査する、修正する、取り消す、補強する。
> ●児童の答えを通してクラス全体を指導する。
> ●皆に答えるチャンスを与える。
> ●有能な児童を使って他者を促す。
> ●恥ずかしがりの児童を引き込む。
> ●批判的な答えを調査する。
> ●感情、見解、共感を表現させる。

（Brown and Edmonson 1984 in Kyriacou 1991）

　学習の評価に関して、質問を通して児童に関する知識を得ることは、児
童各個人の学習を最大にするために、教師は反応に対して柔軟に適応す
る。質問から引き出された評価の証拠は、学習や指導の計画に取り入れら
れる。

　たいていの質問は表 15-1 のように自由形式 / 選択形式、高次 / 低次に分
類される。

表15-1　質問のタイプ

質問のタイプ	例
自由形式の質問	このパッセージを弾く際、他にどのような方法がありますか？
選択形式の質問	D を使うときのフィンガリングは？
高次の質問	どのようにして音楽は悲しい雰囲気を作り出すのか？
低次の質問	オープニングのファンファーレにはどのような楽器が使われていますか？

　選択形式の低次の質問はいつでも自由形式の高次の質問へ導くことができる。ゆえに、音楽様式の識別に関する質問は、音楽の様式上の特徴に関連した答えを正しいとすることによって児童を導くことができる。児童が自らの学習について考えることができるのは自由形式の高次の質問であり、効果的な質問は児童を「理解する」ための計画を作る手段となるであろう。もちろん質問をアクセスやインクルージョンを支えるために使用するとき、質問は独断的な方法で児童に向けられるものではなく、児童の理解を評価し、学習を明らかにするためにはっきりと形作られ、児童個人に向けられる。

活動 15-1　質問と評価

　経験豊富な同僚によって行われている WCIVT を観察しよう。このセクション冒頭の、Brown と Edmonson による箇条書きを用いて、質問が用いられている様々な方法を確認する。教師が選択形式の質問や自由形式の質問を用いて、どのようにすべての子どもたちが答える機会を保証しているのか考えよう。

　あなたが次に行う WCIVT の授業の前に、例えば児童に感覚、風景、感情を表現させるといったような、まだやったことのない方法でどのように質問が使えるか決めよう。授業で質問をする場所を正確に計画し、WCIVT のグループで使う5つの質問リストを作る。（実際には的確な質問ではないかもしれないが、質問を計画することにより、あなたが得たいと思う反応を引き出すでしょう）

フィードバック

　学習のための評価の重要な部分はフィードバックである。Vygotsky（1986）は、彼が「発達の最近接領域」Zone of proximal development（ZPD）と呼ぶ概念によってフィードバックの重要性を証明した。ZPD とは児童自らが理解できることと、教師や有能な仲間とのコラボレーションによって起こり得る理解とのギャップであり、もちろん各学習者によって異なる。これらのポイントのギャップを埋める手助けをするものは「足場」であり、フィードバックはギャップを埋める重要な足場となる。フィードバックにおける良い実践は個性をはっきりさせ、現在の理解レベルを確認し、発展の範囲を確認し、到達できる方法を提案する。

　WCIVT におけるフィードバックの例を図 15-1 において概説する。

図 15-1　「ギャップを埋める」ための音楽における足場

事例 1

1．Ben、あなたはトランペットでとても確実に C と D の音を演奏できている。よくできました！
2．これらの音をなめらか（レガート）ととがったように（スタッカート）弾けるかどうか見ます。
3．私がどうやってするかを聴いて、Kas と Phil とともに練習しなさい。鋭い唾を吐くようなタンギング（とがった）とやわらかいタンギング（なめらか）で。

事例 2

1．Aleya、リフの上につけた即興は生き生きしているね。
2．「ブルース」様式を保つためにスイングをしてみたら？
3．Jono のグループと一緒にやってみたり、この CD を聴いてみて。

事例 3

1．Ali、あなたはこの歌を品良く喜びをもって歌っているわね。
2．ブレスをどこで取るかを考えながら、長い音を伸ばしてみて。
3．歌詞を読んでブレスの自然な位置を決めて、グループで取り組んでみて。

　フィードバックと音楽における足場の重要な点は、モデルを示すことである。確かに児童にとって「ギャップを埋める」活動に参加することは、教師による演奏のモデルを聴いたり、一緒に演奏や即興を行うことである。音楽共同体の中で、フィードバックは語られずとも常に教師や児童がともに演奏するところで起きている。

活動 15-2　ギャップを埋める

　図 15-1 を使って、あなたが行った活動から生じる「ギャップを埋める」シナリオを展開しよう。「足場」すなわち、学習の到達をサポートするものは、教師のモデル、児童のモデル、記録されたモデル、質問（上記）、提案、コメントを含む多様な方法があることを覚えていよう。あなたのシナリオを発展させるとき、それに近づけるために必要なものや、個人が必要とするもののギャップの本質が簡単に説明できる。

　フィードバックを与えたり、質問をするとき、教師は児童の活動に関して積極的な介入を行うが、これは注意深い判断が必要である。教師は児童が必要としているときに心を開いて干渉する技能が必要である。もしも判断が不十分であると、介入は憤慨を引き起こすので、教師は放っておくのではなく、学習に対して積極的な関わり合いをいつも持つ必要がある。
　児童に対するフィードバックの効果は、成功の規準（教師の期待）が児童と共有されていれば、高められる。この規準は以下のようなものを含む。

- 何が成功とみなされるのか教師によって考案された規準
- 何が成功とみなされるのか児童によって考案された規準
- 児童と教師のコラボレーションによって考案された規準
- 教師間のコラボレーションにより得られた規準

　WCIVT に参加する教師は、ナショナルカリキュラムレベルで使用されているものが求められるかもしれないが、もっとも有益で効果的な規準

は、教師と児童自身で実施された活動から起こったもので、授業で成功したと思えるものに関してである。この意味において、個々の教室で計画される具体的な学習規準があることは良いことである。このような具体的な規準は次のような特徴がある。

●判断を下す人（教師と児童）全員がはっきりわかりやすく理解できるもの。
●学習のねらいや目的に明白に関連しているもの。
●他のもの、例えば努力や社会的協力が含まれるかもしれないが、音楽的な結果に焦点があっているもの。

活動 15-3　評価規準を共有する

　WCIVT で実施した活動を使って、児童と共有してフィードバックやギャップを埋めるのに使用した、上手くいった規準を書き出してみよう。

　もし教師と児童が成功のための規準を理解しているなら、フィードバックの意味が理解できるだけでなく、目標設定や個々の児童のギャップを埋める参考になる。このことにより、教師は予想が入り混じって規準に合わない予測困難な音楽的結果に注意を喚起する必要がある。

自己評価

　規準を共有することは自己評価には必須であり、アクセスとインクルージョンの原理において評価の使用は鍵となる側面である。もし児童が規準を理解して自身を評価できるようになったら、以下のような利益をもたらす。

●児童は活動的に学習に携わる。
●学習に対してオーナーシップと自立心を促す。
●考える技能を発展させる。
●児童が学習したことへの理解を促す。
●児童がどのようにして学習したのかという理解を促す。

　自己評価は成功するために注意深く作られる必要がある。しかし、もし私たちが児童に対して当を得た質問をするように促し、成功のために規準を共有するならば、その過程でモチベーションや学習に対して重要な利益をもたらす可能性がある。

　自己評価は先述の足場としての質問の技術を用いることによって、フィードバックしている間に扇動される。例えば、即興活動を行っている児童に以下のように尋ねると自身の学習を顧みることができる。

1．あなたはどのような効果にたどりつこうとしているのか？あなたの即興に影響を与えたものは？作品はどのように変わりましたか？
2．全体のグループ演奏の一部として、この作品に即興を加えることによって何を学びましたか？どのような即興技術が成長したと思いますか？
3．クラスの他者と即興を比べてどうですか？オリジナルのもの、予想、成功のための規準と比べてどうですか？
4．この活動の結果、どのような学習法にすれば即興は発展しますか？どのようなときにベストな即興ができましたか？より良い即興になるために何が助けになりましたか？
5．次にあなたは何をしますか？

活動 15-4　自己評価

　WCIVT のグループにおいてあなたが実施する音楽活動を選びなさい。児童のために質問を書いて、学習に対してコメントをしてあげられるような評価カードをデザインしなさい。あなた自身の予想（児童と共有するもの）に言及し、自由形式の質問と選択形式の質問を使うことを覚えておく。この目的は児童が何をいかに学び、彼らの学習を次へどのように進めていくかを顧みることである。

　自己評価は仲間の評価の過程にも深く関わってくる。

仲間の評価

　仲間の評価は、自己評価の利点を多く持つ。即興の場において、仲間同士で互いの作品を評価して、音楽的「問題」に対する誰かの解決から糸口

を得て、自分の作品に対して新しい見通しを得る。仲間の評価は自己評価のように、多くのモデルと実践を必要とする。WCIVT に従事している教師は、もっとも効果的な評価は学習に焦点を合わせることを覚えておくべきであり、仲間は前向きなポイントをコメントし、互いの作品の発展のために、丁寧な提案をすることが求められるべきである。この意味において仲間は教師として互いにフィードバックを与えることができる。仲間のフィードバックは成功のための規準に基づいているが、総合的な点数やグレードを仲間に与える必要はない。Black 他（2003）は誰かによって与えられたグレードや点数は学習に関してはかなり限られた価値であると結論付けている。

芸術表現様式を評価プロセスに組み入れる

　学習評価の原理は、児童が多様な表現様式を通して、理解を示し発展させる機会を与えるという考えを促進することである。この目的のために、例えば児童が音楽を作ったり、音楽に合わせて動いたり、音楽に対応させて彫刻を作る際、音楽的理解が見られる。評価の過程では言葉同様に重要であり、もし対話を通してのみ児童を知ることになるのなら、私たちは直感的な音楽的理解を簡単に逃すかもしれない。ある理解は音楽活動をしている際にも見られ、この意味において、音楽は作曲や演奏をしている際話す言葉である。例えば、音楽作品を聴いたのち、児童は音楽を通して反応をする機会がいつもあるべきである。作曲、即興、演奏において「おお、運命の女神よ」はどのような反応であろうか？

　音楽は高度に抽象的な芸術であり、児童は自らの理解を他の芸術表現様式に転化することができる。音楽の理解はダンス（どのように「おお、運命の女神よ」に合わせて動くのか）、美術（「おお、運命の女神よ」を聴いて何を描くか）、劇（どのようにこの音楽で実演するのか）を通して示される。

総括的評価：証拠と報告を集めること

　児童の総括的な概観を集めたいなら、一連の授業の終わりがよい。実際、良い実践では広い範囲にわたって児童の音楽的到達の証拠を集められる。いくつかの実践的提案を以下に示す。

- オーディオ、ビデオ、演奏や作曲の電子的な証拠
- 児童によって行われる自己と仲間による評価
- 児童が書いた評価：例えば評価カード
- 児童の作品で重要な特徴としてあなたが書き留めたもの。例えば学習のための評価の対話で拾い集めた言葉による反応
- 出席、コメント、グレードなどの点数帳

　評価の証拠を集めたり記録したりすることは、指導のルーティンの一部として見られるべきで、学習の過程を壊さない効率の良い方法である。この証拠は教師の責任や保護者、責任者、外部団体へのレポートの基礎となる。重要なことは、総括的な証拠を形成的に使用するために、児童へのフィードバックの過程で証拠をどのように使うかである。

評価、査定、反省

　私たちが児童のことを知るとき、私たちは行った音楽教育の質についても知ることになる。指導と評価を統合したとき、自らの指導の効果についてフィードバックが与えられ、個々の児童の学習の必要性に応じて、適応させる必要がある。査定は評価の証拠を用いてどの児童がねらいや目的に到達しているかという程度を評価する。反省は査定の結果にどのように応じるか教師が決定を行う。例えば児童と演奏していて、誰かが一定の拍が強いことを発見する。この結果、次の授業で様々な方法に挑戦しようとする。拍を感じ取らせるためにボディーパーカッションを使いますか？ある音楽に合わせて動くように言いますか？問題を抱えている児童に近づいて、演奏しながら拍を示しますか？同時に、同じグループの児童はその拍の周辺にリズムの即興をまとめ上げることができる。これらの児童に対して、演奏のパートナーとして他の児童と友達になるように呼び掛けることができますか？クラスの全体演奏の中で、新しいミュージシャンシップを築いていますか？

活動 15-5　あなたの指導の効果を査定する

　指標として以下の質問を使いながら、WCIVT の授業におけるあなたの指導の効果を査定してみよう。すべての質問に対するあなたの反応は、児童の音楽学習と授業における音楽経験の質に関して効果を反映しているべきである。最後の質問はとても大事であることに注目してください。

あなた自身の指導を査定する時、次の質問を自分に対して尋ねてみる。

- 児童が学ぶべきであると計画したことを、彼らは学習しましたか？他の学習は起こりましたか？もしそうであれば、その学習はどのくらい価値があるものでしたか？
- 児童が学んだ証拠は何ですか？その証拠は音楽的な証拠ですか？
- 児童の経験にはどのような困難がありましたか？この困難をあなたはどのように認識し、彼らを導くためにあなたは何をしましたか？
- もしも児童があなたの望むところに到達しなければ、何が問題ですか？授業の構成やタイミングですか？活動のチャレンジのレベルや教わる子どもたちの適応性ですか？質問の使い方ですか？
- 私は何をする必要があり、次の指導と授業において自らの指導で考える必要のある問題は何ですか？

　査定と反省を通して、教師は自身と児童に対する活動の質に対しての責任を示す。また教師は、児童の音楽的成長の証拠を集め、記録し報告する責任がある。査定と反省は「教えることは評価することである」という格言の自然な成り行きである。

結論

　要するに、本章では WCIVT に関する評価は児童の音楽的理解を知り、彼らに必要なものを与えることができることを論じてきた。それは児童が自身を知り、音楽家と音楽の学習者として互いを知ることである。児童を知るとき、評価は学習と指導の過程を統合する。さらに、評価の過程の結

果は指導の効果を査定し、成長と改良の基礎を与えるために使用することができる。

　WCIVT における音楽学習に対して、本章の含蓄は何であろうか？学習のための効果的な評価は以下のようなときに行われる。

- ●音楽の授業において、主に児童が、聴衆、演奏家、作曲家として音楽に携わっている。
- ●児童が一緒に作曲、即興、演奏しているときに起こる対話（言葉、音楽、他の表現様式）の機会がある。
- ●児童が対話で自らの理解を提起することが受け入れられる。
- ● WCIVT の実践者が児童と一緒に演奏する。
- ● WCIVT の実践者が児童と一緒に作曲する。
- ● WCIVT の実践者が児童と一緒に即興で演奏する。
- ● WCIVT の実践者が児童と一緒に音楽を聴く。

　上記の学習のための評価方法は児童を音楽的に行動させ、柔軟に学問分野の微妙な差異をつかむ。もし音楽的理解が音楽学習の核心であるならば、教師が WCIVT の授業でこのことを促進し認識するときに、学習のための評価が大きな役割を果たす。目的は児童が一人前の音楽家として成長し、教師が音楽家としての児童を知ることである。各児童は異なる要求、望み、興味を持っている。学習のための評価は個人的、集団の音楽活動を支える。

参考文献

Black, P., Harrison, C., Lee, C., Marshall, B. and William, D. (2003) *Assessment for Learning*. Milton Keynes: Open University Press.

Kyriacou, C. (1991) *Essential Teaching Skills*. Cheltenham: Nelson Thornes.

Rowntree, D. (1977) *Assessing Students: How Shall We Know Them?* London: Harper & Row.

Swanwick, K. (1988) *Music, Mind and Education*. London: Routledge.

Vygotsky, L.S. (1986) *Thought and Language* (rev.edn) , trans. A. Kozulin, Cambridge, MA.: MIT Press.

あとがき

　原書に出会ったのは、2012 年頃であったと思います。学校のクラス全体に対して歌唱や器楽の授業を行う際、子どもたちがどの程度まで理解が出来ているか、またどこでつまずいているのかを、一人ずつ把握することは大変であり、個人レッスンに比べて、丁寧な指導がしづらい環境といえます。このような問題を考えている際、この原書に出会い、特に第 11 章において、ヴァイオリンの新しい音や演奏法を即興演奏に近い形式で学んでいる実例に興味を持ち、訳し始めました。「WCIVT」という学校の教師と器楽の専門家がコラボレーションしながら音楽の授業を作り上げていく活動を、政府が資金援助を行って支えていく状況は理想的であり、我が国では財政上おそらく考えられない実現不可能なことであると思います。以前、イギリスに行った際、ロンドンフィルハーモニー管弦楽団のファミリーコンサートを鑑賞したことがありますが、家族連れで大ホールは満席、2 階席に座っている子どもたちも演奏に集中しており、ロビーで行われているワークショップに行列が出来ている光景は衝撃的でした。世界では芸術が当然のごとく重視されており、おそらく我が国ではこの芸術を享受する文化、教育が弱い点であり、それが真に豊かな国になることが出来ない要因の一つであると思われます。

　原書では小学生の子どもたちが音楽を創造することについて、歴史的背景、インクルージョン、統合的アプローチ、創造性など様々な観点から述べられています。「創造」は作曲することだけでなく、歌唱や器楽の演奏も創造活動と捉えられています。本来であれば、もっと早く訳本としてまとめたかったのですが、一人で和訳作業を行いながら、大学の膨大な仕事との両立は非常に困難を極めました。初めて翻訳を手掛けたため、いろいろ不備もあるとは思いますが、本文中には活動例やケーススタディーなど、教師が授業を計画する際、参考となりそうな実践事例が豊富に提示さ

れていますので、指導の一助となれば幸いです。

　最後になりましたが、本書の出版をお引き受けくださいました英宝社代表取締役社長　佐々木元様、編集部の下村幸一様、校正作業を行って下さった皆様、また英宝社とのご縁をつないでくださった長崎大学の小笠原真司先生に深く感謝申し上げます。

2023 年 1 月

加納　暁子

索　引

──────────────────── 事　項 ────────────────────

索　引

《訳者略歴》

加納　暁子（かのう　あきこ）

兵庫県出身。神戸女学院大学音楽学部音楽学科（ヴァイオリン専攻）卒業。同大学音楽専攻科修了。大阪教育大学大学院教育学研究科音楽教育専攻修了。兵庫教育大学大学院連合学校教育学研究科教科教育実践学専攻修了。博士（学校教育学）。2011年、ヴィジティングスカラーとして、米国コロンビア大学において研鑽を積む。現在、長崎大学大学院教育学研究科准教授。著書に『演奏表現を中心とした音楽の指導内容とその学習に関する教育実践学的研究』（風間書房、2009年）がある。

小学校における音楽の創造
クラス全体の器楽及び声楽の教育

2023 年 3 月 10 日　印　刷　　　　　2023 年 3 月 20 日　発　行

編　　者　　Nick Beach
　　　　　　Julie Evans
　　　　　　Gary Spruce

訳　　者　　加　納　暁　子

発　行　者　　佐　々　木　元

発　行　所　株式会社　英　宝　社
　　　　　　〒101-0032 東京都千代田区岩本町 2-7-7
　　　　　　TEL 03 (5833) 5870-1 FAX 03 (5833) 5872

ISBN 978-4-269-82059-3 C1073
［製版：伊谷企画／印刷・製本：モリモト印刷株式会社］